PHP
Business Shinsho

デンマーク人は なぜ4時に帰っても 成果を出せるのか

Yuka Harikai
針貝 有佳

PHPビジネス新書

まえがき

国際競争力トップクラスの管理職は、午後4時に帰宅する

午前8時から9時頃、淹《い》れたてのコーヒー1杯とともに軽やかに仕事を開始したかと思うと、午後4時頃、すでにオフィスから姿を消している。

これは、この国では「あるある」の光景だ。

厳密に言えば、午後4時どころではない。午後3時を過ぎれば、管理職も経営幹部も帰宅モードに切り替わり、パソコンを閉じ、デスクまわりを片付け始める。

午後4時過ぎには、静かになったオフィスを清掃員が掃除している。

午後5時、オフィスは空っぽだ。

これが2022年・2023年と2年連続で国際競争力ナンバーワンに輝いた国、北欧デンマークの現実である[i]。

私がデンマークに移住したのは、2009年末。大学院でデンマークの労働市場政策について研究した後、デンマーク人夫と結婚し、デンマークで暮らすことになった。その後は、現地でリアルにデンマーク社会を観察しながら、日本のメディア向けに現地情報を発信し続けてきた。

子どもを保育施設に預けていた頃、フリーランスとして忙しく働きながら、なんとか午後4時に仕事を切り上げ、午後4時半過ぎに子どもを迎えに行くと、保育施設はほぼ空っぽになっていた。

そして、空っぽの保育施設を眺めては、不思議に思った。

（親はちゃんと働いているのか？）

もちろん、ちゃんと働いている。しかも、夫婦共働きのフルタイムだ。

デンマークの一般家庭は、午後4時頃には子どもの迎えをして、午後5時から6時頃には家族みんなで夕食を囲む。夜遅くまであくせく働いて、満員の終電に乗り込む東京の光景は、デンマーク人がどんなに想像をめぐらしても、イメージできないのではないか。

東京からデンマークに移り住んだ私にとっても、デンマーク人のライフスタイルは想像を超えたものだった。

午後4時には仕事を切り上げ、家族や友人との団らんを楽しむ。その傍《かたわ》らでは、家具の調達や家のメンテナンスをし、ＤＩＹを楽しんでいる。

金曜日となれば、午後2〜3時頃に仕事を切り上げる。週末には、スポーツ大会や誕生日会、親戚や親しい友人を招いてのホームパーティーなどのイベントも目白押しで、とてもではないけれど、仕事に精を出して一生懸命に頑張っている様子には見えない。

だが、この国が、２０２２年・２０２３年と２年連続で国際競争力ナンバーワンに選ばれたことは、紛《まぎ》れもない事実だ。それどころか、世界デジタル競争力、電子政府ランキング、環境パフォーマンスでいずれも１位、ＳＤＧｓ達成度もトップ３常連国と、国際評価の高さを数えれば枚挙にいとまがない。[ii]

では、デンマーク人はいったいどんな働き方をしているのか。なぜ午後４時に帰宅しても、仕事で成果を出せるのか。

デンマーク文化研究家として、13年以上にわたって日本のメディア向けに現地情報を発信し続けてきた筆者にとっても、本書の執筆は格別なものになった。執筆にあたり、20人を超えるデンマーク人のビジネスパーソンに時間をかけて丁寧に話を聞いた。

その内容は刺激的かつパワフルなものばかり。語られる言葉の端々には、日本人のみならず全世界のビジネスパーソンにとって参考になる働き方と生き方のヒントがちりばめられていた。

2年連続で国際競争力ナンバーワンに輝いたデンマーク人は、どんな働き方をしているのか。その働き方は、どんなキャリア観や人生観に支えられているのか。それを明らかにするのが、本書の目的である。

デンマーク人の思考法を覗いてみよう

さて、ここまで読んで「デンマークのことなんて、日本や自分の人生とは何の関係もない。なんでデンマークのことを知る必要なんてあるのか」と思った方もいるかもしれない。たしかに、日本で普通に暮らしている人にとって、デンマークなんて「関係ない」だろう。私も20代前半までは、デンマークとは縁もゆかりもない生活を送っていた。

それどころか、海外の話を聞くたびに「ふーん。海外ではそうなのか。でも日本は……」と思っていた。日本には日本の風土に合った生活があるし、風習があるし、正しさがある。海外の制度やメソッドを持ち込んでも、日本人に合うはずがない。

そもそも「海外では……」と言われるだけで、ちょっと鼻につく感覚さえある。

だが、まさに「関係ない」と思っている、そんなあなたにこそ、本書を読んでみてほしい。

デンマーク情報を発信していると、たいていの場合、こう言われてしまう。

「デンマークは素晴らしいですね。でも、土台にある環境や制度が違いすぎるので、日本で同じことをしようとしてもムリですし、日本には合いません」

この指摘には一理ある。

海外の商品をそのまま日本に輸入しても、日本人にはサイズが大きすぎたり、体型的に合わなかったりする。海外の制度をそのまま日本に導入しようとしても、そもそも他の色んな制度との絡み合いで難しかったりする。

だから、本書では、デンマーク情報を提供して「日本も同じようにすればいい」と言うつもりは毛頭ない。本書がお届けしたいのは、デンマークの情報ではない。ＡＩがこれほど発達した今、関心さえ持てば、遠く離れた異国の情報さえもわずか数秒で収集できる。

本書でお伝えしたいのは、もっとコアにあるデンマーク人の基本的な「モノの考え方」である。それは、デンマーク社会のなかで暮らし、デンマーク人とデンマーク語で直に対話をすることでしか見えてこない類《たぐい》のものだ。AIを駆使しても入手できない、仕事でもプライベートでも自分の人生を全《まっと》うしようとするデンマーク人の生きた言葉に基づいて、本書は紡《つむ》がれている。

まずは、食わず嫌いせずに、デンマーク人の働き方とそれを支える「モノの考え方」を一緒に覗《のぞ》いてみるのはどうだろう。幸福度世界トップクラスでありながら、国際競争力ナンバーワンの国デンマークには、やはり「何か」があるのだ。

彼らの「モノの考え方」を知ったうえで、あとは皆さんに、自由に取捨選択し応用していただければ嬉しい。

日本人はアレンジが得意である。海外からインスピレーションを得て、日本人向けにカスタマイズする力を持っている。日本人が、イタリア人が邪道だと感じる「たらこスパゲティ」を発明したように、もしかしたらデンマーク人の働き方をヒントに、デンマーク人が邪道だと感じる面白い「働き方」だって発明できるかもしれない。

そんな遊び心を持って、本書をインスピレーションの源泉として使っていただけたら幸いだ。

最高のパフォーマンスを発揮するには

本書の構成は、以下のとおりである。

第1章　なぜ今、北欧のデンマークが世界から注目されるのか？
第2章　真の「タイパ」――人生を存分に楽しむ「限りある時間」の創り方
第3章　生産性を生む「人間関係」――信頼ベースで任せる、任される
第4章　国際競争力を育む社会の「仕組み」――転職前提のキャリア形成

まず、第1章では、私が暮らすデンマークという国をざっくり紹介する。この章は気を抜いて、パラッとご一読いただければありがたい。

その後、第2章と第3章で国際競争力ナンバーワンのデンマーク人の働き方を「時間」と「人間関係」という観点から紐解く。ここが本書のメインになる。なかなか骨太な内容なので、ぜひじっくり読んでいただけると嬉しい。

第4章はデンマーク人の仕事観・キャリア観について紹介する。そして、最後に、デンマークの高い生産性を支える社会の特徴について言及する。

きっと、本書を読み終わった頃には、デンマークの国際競争力が高い理由を理解していただけるだろう。そして、個人・組織・社会として、最高のパフォーマンスを発揮するためにはどうしたら良いのか、その道筋が見えてくるはずだ。

日本人の「ライフスタイル改革」実現なるか!?

ここで、正直に、私の話をしよう。

私は２００９年末にデンマークに移住後、リアルなデンマーク社会のあり方に驚き、日本のヒントになりそうな現地情報を発見しては、さまざまなメディアから発信してきた。

だが、私自身がデンマーク的な素敵なライフスタイルを送ってきたかというと、そうではない。たしかに、移住して最初の頃は現地人らしい暮らしを楽しんでいたのだが、次第にそんな余裕はなくなっていった。

色んな仕事に手を出しては仕事に振り回され、プライベートでも、流れに任せて色んな場所に顔を出し、あれこれ首を突っ込んでは忙しくなり、家族に散々迷惑をかけてきた。

タスクが残っているなかで「休み」をとるのは苦手だし、あれもこれも頼まれれば片っ端から引き受けてきた。そして、目の前のタスクをこなすことに精一杯になり、「仕事」や「友達付き合い」を理由に、家族と過ごす時間は削っても仕方がないと思ってきた。

そんな私も、そろそろ本気で「ライフスタイル改革」が必要なようだ。
じつは、本書執筆の際にデンマーク人夫からお願いをされた。

「君の出版プロジェクトは応援する。だけど、**今までのようなライフスタイルは見直してほしい。ちゃんと睡眠をとって、休暇をとって、家族との時間も大切にしてほしい**。効率良く取り組めば、短時間でも成果を出せるはずだ」

そうなのだ。本書執筆は、私自身の「人体実験」でもあるのだ。
本書では、国際競争力ナンバーワンのデンマーク人の働き方をシェアする。同時に、本書を執筆しながら、私自身も働き方を見直し、自分のライフスタイルを改革したい。

今の時点で「人体実験」が成功するかどうかはわからない。
結果は「あとがき」で報告するので、ぜひお楽しみに！

目次●デンマーク人はなぜ4時に帰っても成果を出せるのか

時代をリードする「先見の明」

「ワークライフバランス先進国」

第2章

真の「タイパ」

――人生を存分に楽しむ「限りある時間」の創り方

ムリしない、ムリさせない

プライベートを死守する働き方

第3章 生産性を生む「人間関係」
——信頼ベースで任せる、任される

第4章 国際競争力を育む社会の「仕組み」
——転職前提のキャリア形成

デンマークがめざす「適材適所のマッチング」

本文デザイン・組版　石澤義裕
企画協力　長倉顕太・原田翔太
編集　大隅元（ＰＨＰ研究所）

第 1 章

なぜ今、北欧のデンマークが世界から注目されるのか？

The Kingdom of Denmark

さぁ、デンマークへようこそ。

言うまでもないが、デンマークで暮らす私は、今、デンマークでこの原稿を書いている。

首都コペンハーゲン郊外のロスキレ市にある再開発地区「ミュージコン」という、ちょっとヒッピー的な、クリエイティブでゆるい空気感の漂うエリアだ。その一角にあるシェアオフィスで、淹れたてのコーヒーを口にしながら筆を進めている。

本題に入る前に、第1章では、デンマークという国がどんな国なのか、皆さんが少しでもイメージとして思い浮かべられるように、私が暮らしている国デンマークをご紹介したい。

15年以上にわたって飽きもせずに私がデンマーク研究をしている理由を、きっと理解していただけるはずだ。そして、きっとあなたもデンマーク人的な暮らしをしたくなるはず。

国際競争力ナンバーワンの北欧の小さな国
――「ビジネス先進国」の正体

素敵な矛盾に満ちた国

北欧のデンマークは、素敵な矛盾に満ちている。

スーパーに行っても気の利いた弁当もデリもなく、約５００～１２００円のサンドイッチやサラダくらいしかなくて、商品の選択肢の少なさに悲しくなる。もっと何か、まともでリーズナブルなものはないのだろうか。

しかし、進学・結婚・離婚・就職・転職といった人生の岐路において、あれかこれかの二者択一は迫られない。幅広く張り巡らされ合流や分岐を繰り返す電車の路線のように、人生の選択肢は複数用意されていて、軌道修正がしやすい。

一般的に食への関心はそれほど高くなく、ランチは茶色いライ麦パンのオープンサンドを食べれば十分といった国民である。それなのに、料理を楽しむ男性は多く、世界のガストロノミーをリードするレストランが意外とある。ただし、目を疑うほど高額である。

物価が高くて、カフェでカフェラテ1杯とサンドイッチ1個を注文するだけで約2500円する。一方で、約2500円が一般的に最低ラインの時給でもある。

税金が高く、消費税は25％で、給料の約半分を税金として納めなければならない。けれど、医療費も教育費も無料で福祉が充実しているので、人生なんとかなるという安心感がある。

家庭菜園を楽しみ、週末には公園や森を散歩し、のどかな自然を愛する国民たち。それなのに、高齢者もＩＴを駆使し、ネットバンクやオンライン手続きを当たり前に利用する

「デジタル化先進国」でもある。

面積は九州程度で、人口は約５９０万人（千葉県より少ない）の小さな国であるにもかかわらず、幸福度・貧困率の低さ・格差の小ささ・汚職率の低さ・デジタル化・国際競争力など、社会的な国際ランキングにおけるデンマークの存在感は圧倒的である。[iii]

だが、こういった矛盾は、実際に暮らしていると、矛盾ではなく、必然なのだとわかってくる。一見矛盾していることには、しかるべき因果関係があるのだ。まだイメージが湧かないかもしれないが、本書を読み終える頃には大いに納得してもらえるだろう。

「世界一幸せな国」は一面でしかない

おしゃれな北欧デザインのインテリアや雑貨、アンデルセン童話に出てくるようなメルヘンチックな街並み、福祉が充実している世界トップクラスの「幸福度の高い国」。心地良さを意味するデンマーク語の「ヒュッゲ」という言葉を聞いたことがある人もいるかもしれない。

いずれにしても、北欧のデンマークといえば、豊かで幸せそうなフワフワしたイメージがあるのではないだろうか。こういったイメージは、どれも間違いではないのだが、それはデンマークの一面にすぎない。


ここでビジネスに関するデンマークのいくつかのランキングを見てみよう。

国際競争力　1位（2年連続・2022〜2023年）[iv]
デジタル競争力　1位（2022年）[v]
今後5年間のビジネス環境　3位（2023年）[vi]

いかがだろう。ビジネスシーンにおいても、なかなかの存在感ではないだろうか。

デンマークで世界的に知られる企業は以下のとおりである。

玩具レゴブロックで知られるレゴ社（LEGO）、日本ではサントリーが販売代理店となっているビールメーカーのカールスバーグ社（Carlsberg）、風力発電機の設計・製造・販売で世界をリードするベスタス社（Vestas）、コンテナ船を強みとする世界一の海運企業マースク社（Mærsk）、グローバルな製薬会社のノボノルディスク社（Novo Nordisk）。

千葉県よりも人口が少ない国ながら、グローバルな舞台で活躍するデンマーク発の企業は意外に多い。

世界ナンバーワンの圧倒的な「ビジネス効率性」

２０２２年、デンマークは国際競争力ランキングで世界ナンバーワンに選ばれ、世界から注目を浴びた。さらに、２０２３年も2年連続してナンバーワンに選ばれている。

なお、このランキングは、ＩＭＤ（国際経営開発研究所）が行なった調査で、日本は２０２２年が34位、２０２３年は35位だった。[vii]

なぜデンマークは国際競争力が高いのか。

短期的に見ると、デンマークが急速にランキングを上げてナンバーワンに躍り出た理由は、経済状況が改善したからである。だが、長期的かつ総合的に見ると、デンマークの圧倒的な強みは「ビジネス効率性」にある。

国際競争力ランキングは「経済状況」「政府の効率性」「ビジネス効率性」「インフラ」という4つのカテゴリの総合評価で決まる。デンマークは「ビジネス効率性」において、2020年から2023年の4年間にかけて首位を走ってきた。

【デンマーク】（2023年）

経済状況　15位
政府の効率性　5位
★ビジネス効率性　1位（4年連続）
インフラ　2位

【日本】（2023年）

経済状況　26位

政府の効率性　42位
ビジネス効率性　47位
インフラ　23位[viii]

ちなみに、日本の国際競争力の足を引っ張っているカテゴリは、まさにこの「ビジネス効率性」である。どうやら、デンマークには日本にとって見逃せないビジネスのヒントがありそうだ。

競争力の決め手は、時代の変化への対応力

では「ビジネス効率性」とは何なのか。

ＩＭＤは「ビジネス効率性」を「生産性と効率性」「労働市場」「ファイナンス」「経営プラクティス」「取り組みと価値観」という5つのカテゴリに分けている。

5つのカテゴリのなかで、デンマークがナンバーワンのカテゴリは「生産性と効率性」

と「経営プラクティス」だ。また、「取り組みと価値観」が3位にランクインしている。

「生産性と効率性」（1位）：1人あたりGDP、労働生産性、農業・産業・サービス業における生産性、大企業や中小企業の効率性、デジタル化など

「経営プラクティス」（1位）：アジリティ（状況変化への対応力）、取締役会の機能、意思決定へのビッグデータ分析の活用、起業家精神、社会的責任、女性管理職など

「取り組みと価値観」（3位）：グローバル化への積極性、ブランディング、柔軟性と適応力、経済的・社会的改革のニーズ認識、企業のDX化、社会の価値観など[ix]

デンマーク産業連盟（DI）のアラン・ソーレンセンは、こう指摘する。

「デンマークの高い国際競争力の主な理由は、状況変化に対する企業の迅速な対応力、モチベーションが高い社員、高度なDX化である」

また、デンマーク企業は、社員・社会・環境に配慮する傾向があり、そのスタイルが時代のニーズに合っている、と言い添える。[x] さらに、ソーレンセンの指摘はこう言い換え

られないだろうか。

「デンマーク人は、時代のニーズを読み取って変化する力を持っている」

デンマークがさまざまなランキングにおいてトップクラスで評価されているのは、まさに、未来を見通す「先見の明」を持っているからである。

普段はのんびりしているデンマーク人だが、じつはさりげなく準備しているし、いざ変化が起こったときの機動力は半端ない。

一緒に生活していても、デンマーク人はＤＩＹや家庭菜園が大好きで、無人島でも生きていけるのではないかと思うほど、本当に優れた「サバイバル能力」を持っている。

変化し続ける環境を的確に把握し、自分たちが持っている知恵とリソースを最大限に使って、どんな状況でも前に進んでいこうとする。

これが「ビジネス先進国」を支えるデンマーク人の正体である。

時代をリードする「先見の明」
――楽しみながら変化する驚きの対応力

「世界一の自転車都市」コペンハーゲン

要するに、デンマーク人は「先見の明」がある。

デンマークが先見の明を持って時代の変化に対応しているわかりやすい証拠として、以下のようなランキングが挙げられる。

環境パフォーマンス指数　1位（2回連続。2020～2022年）[xi]

SDGs達成度　3位（2023年。発表が開始された2016年から毎年上位トップ3入り）[xii]

電子政府ランキング　１位（３回連続。２０１８〜２０２２年）[xiii]

しかも、デンマーク人は「楽しんで」時代の変化を先回りしている。

その様子を体感できるのが、デンマークの首都「世界一の自転車都市」コペンハーゲンだ。

私が移住した２００９年末、すでに、自転車専用道路・自転車専用信号・電車内の駐輪場など基本的な自転車インフラは整っていたが、その後の「自転車ストラテジー」による都市開発のスピード感は圧巻だった。

コペンハーゲン市は「環境に優しい街づくり」という理念のもと、CO_2排出量削減のために「自転車ストラテジー」を加速させた。

次々に、自転車専用道路や駐輪場が拡充され、自転車専用の橋「スネーク」が建設され、都市と地方を結ぶ「自転車用スーパーハイウェイ」が整備されていった。

自転車専用道路を平均時速約16キロ、スムーズに走れれば時速20キロで風を切って走るのは、じつに爽快だ。[xiv]

コペンハーゲンで暮らしていた5年間、私は運河のある美しい街並みを眺めながら、高速で風を切って自転車を乗り回す気持ち良さにハマっていた。いつまでも自転車に乗っていたくて、妊娠して臨月の大きなお腹になっても、そっと自転車に乗って移動していた。

それくらい「世界一の自転車都市」コペンハーゲンで自転車を乗り回すのは楽しい。

環境対策というちょっと堅苦しい課題を、市民が楽しめるワクワクする街づくりに転換してしまう。それがデンマークなのだ。

「キャッシュレス社会」から「カードレス社会」へ

もうひとつ、デンマークが時代の変化に対応する力を持っている事例を挙げよう。世界を先駆ける「デジタル化」である。

デンマークは、電子政府ランキングで3回連続ナンバーワン（2018年〜2022年）に選ばれ、デジタル競争力ランキングでもナンバーワン（2022年）を獲得した「デジタル化先進国」である。[xv]

私も現地で暮らしながら「デジタル化先進国」の現実を体感してきた。

デンマークでは、現金のみを持参していると、困るかもしれない。ほとんどの客がカードかスマホで払うので、店がレジに十分な現金を用意していないこともある。基本、現金のやりとりを想定していないのだ。

こんなエピソードがある。

手元にあったお札を崩そうと思って、地元のカフェでいつものようにカフェラテを買って、お札を出した。すると、若い男性スタッフの顔がみるみる真っ赤になっていく。どうしたのだろう？　と思っていたら、どうやらお釣りに出す現金がないようだ。慌てて「カードでも払えますよ。カードで払いましょうか？」と聞くと、ホッとした顔で「ありがとう。助かります」という返事が返ってきた。

結局、私の財布に眠っていたお札を崩すことはできなかった。

このように、デンマークは文字どおりの「キャッシュレス社会」である。大量の現金は、行き場を失って邪魔になることさえある。

さらに、近年は「キャッシュレス社会」から「カードレス社会」へ移行しつつある。2013年には「モバイルペイ」というアプリが開発され、急速に普及し、諸々の支払いが一気にラクになった。[xvi] 最近では、健康保険証や運転免許証の提示といった本人確認についても、スマホのアプリで済ませられるようになった。[xvii] だから、うっかり財布を忘れても、スマホがあればなんとかなるケースがほとんどだ。

古いシステムを切り捨てる大胆さ

ここまで書くと「日本でもキャッシュレスやカードレスは進んでいる」と思う人もいるかもしれない。たしかに、私も最近日本に一時帰国して、デジタル化が進んでいると感じるシーンはたくさんあった。

さらに、全国各地に多機能のコンビニがあり、日本はデンマークよりも便利で進んでいると感じる場面が無数にあった。

ただ、デンマークと日本で決定的に違うところがある。

それは、時代に合わせて前進する際に、現行のシステムを併存させるか、古いシステムをバッサリ切り捨てるか、という違いである。

日本は顧客への配慮から、新しいシステムを導入する際にも古いシステムを併存させる傾向がある。それに対して、デンマークは古いシステムをバッサリ捨てて、新しいシステムに「乗り換える」。

デンマークでは、行政からの手紙もオンラインのみで届く。目を通さなければならない書類が自宅の郵便ポストに届くことは基本的にない。おかげで、我が家は自宅の郵便ポストをチェックする習慣がなくなってしまった。

私が自宅のポストをチェックするのは、日本の方から手紙や小包を送ったという報告を受けたときだけである。

デンマーク人夫にも家のポストをチェックする頻度を尋ねてみたところ、「うーん。2ヶ月に1回くらいかな」とのことであった。

というわけで、我が家に郵便物を届けていただく際には、事前告知していただけるとありがたい。そうでないと、送っていただいた数ヶ月後に気がつくことになる。

もちろん、我が家は夫婦ともにズボラなので、これがデンマーク人のスタンダードだとは言わない。だが、それくらいチェックしなくても、たまにどなたかに心配をかけているのかもしれないが、不便はない。

ふと思ったが、一般のデンマーク人がどのくらいの頻度で郵便ポストを確認するのかという点は気になるところである。

どうだろうか。世界を先駆ける「デジタル化先進国」のリアルを皆さんにも感じていただけただろうか。

コラム COLUMN

コロナ対策先進国――パンデミックをいち早く乗り越えた国

私がデンマークの「時代の変化への対応力」を体感したのは、新型コロナ禍《か》の

2020年から2022年にかけてだった。

予期せぬ変化に合わせて機敏に動くデンマーク政府と、危機においても他人を信頼し、お互いを思いやり、楽観的に未来に向かって前進し続けるデンマーク人の姿を見て、デンマークという国の底力を見た気がした。

デンマークは、新型コロナ対策をリードする国として、世界に注目されていた。間違いなく、新型コロナの危機を世界でもっとも上手く乗り切った国の一国だろう。

変化に迅速《じんそく》に反応し、専門家と連携して状況を把握し、国民とわかりやすく情報を共有する。そのうえで、長期的な目線に立って具体的な対策を打ち立て、今後のプランを公表する。

政府の対応の速さと、政府の対応を受けての国民の行動力の速さには、本当に驚かされるものがあった。

数々の驚きのエピソードがあるが、最も衝撃的だったのは、2022年1月末、1日あたりの新規感染者数が最高記録を更新している最中に、デンマーク政府が欧州で

初めて規制全撤廃に踏み切る発表をしたことだろう。[xviii]

衝撃的なニュースは世界中を駆けめぐり、大きな話題になった。

当時、私のもとにはテレビ局からのオファーが殺到。スマホでコペンハーゲンの街の様子を撮影し、デンマーク人にインタビューした動画が、日本の主要なテレビ番組で次々に放映された。

真っ先に規制を全撤廃したうえに、規制が撤廃された途端にみんなが一斉にマスクを外して街に繰り出していった光景は、日本の視聴者にとっても衝撃的だったようで反響が大きかった。

デンマークでは2022年2月1日の規制全撤廃を境に、パンデミックは「終わった」。国民はすぐに日常生活に戻り、コロナの存在を忘れていった。

変化への対応が、信じられないほど速い。状況の変化に合わせて柔軟にルールを変える。ルールが変われば、すぐに行動も変える。

デンマークの国際競争力がナンバーワンになったのは、単なる偶然ではない。

「ワークライフバランス先進国」
──晴れた平日は午後から芝生で寝転がる

ビジネスライクではない「幸せな国」

さて、ここから本題に入っていく。

世界ナンバーワンの国際競争力と電子政府を誇るデジタル化先進国というと、いかにもテキパキとしたビジネスライクな国で、便利な暮らしをしていると想像するかもしれない。

だが、デンマーク暮らしは、東京の生活よりも、ずっと静かで落ち着いている。24時間開いているコンビニもスーパーもほとんどなく、そもそも店の数が少なくて不便である。

郊外の住宅の庭にはリスが出没するし、ほんのちょっとドライブするだけで、馬や牛、鹿に遭遇する。

首都コペンハーゲンも緑豊かで、大きな公園がいくつもあり、春夏には人びとが水着で（たまに女性も上半身裸で）寝転がって日光浴をしている。

快晴で暖かい平日の午後3時頃、運河沿いに並んで座っておしゃべりをしたり、寝そべったりしている人たちを眺めていると、どう見ても「ビジネスライク」には見えない。

こういった光景を眺めて思い浮かべるのは、むしろ、デンマークの「幸せな国」という側面である。

何かに追われる様子もなく、芝生やウォーターフロントにゴロンと寝そべっているデンマーク人の姿を目にすると、「あぁ、これが『幸せな国』なのだな。豊かだなぁ」とつくづく思う。

世界一の「ワークライフバランス」を実現する都市コペンハーゲン

フォーブスの調査によれば、2023年、コペンハーゲンは世界の主要な都市のなかで、ワークライフバランスを実現している都市ナンバーワンに選ばれた。フォーブスは、コペンハーゲンが1位に輝いた理由について以下のように述べている。

コペンハーゲンに暮らす人びとは「ヒュッゲ（心地良さ）」を大切にしている。自分や他人を大切にし、リラックスし、人生の喜びを感じることに時間を使っている。

また、職場もプライベートライフを尊重し、年間5週間の休暇とフレックスタイム制、夫婦合わせて52週間の育児休暇を提供している。[xix]

この記述は、現地に暮らしていると、まさにそのとおりだと感じる。誰もが、自分と他人のプライベートを尊重しているのがデンマークだ。「人生で一番大事なことは、仕事ではないよね」という前提がそこにはある。

それでいて、国際競争力ナンバーワンなのだから、不思議である。

どうやら、プライベートの「ライフ」を犠牲にしなくても、「ワーク」で成果を出すことはできるようだ。

むしろ、デンマーク人は「ライフ」を大切にしているからこそ、フルに充電したエネルギーを使って「ワーク」に取り組めている。

いや、それだけではない。

さらに言えば、「ワーク」の目的が「ライフ」を充実させることにあるから、プライベートの時間を侵《おか》さず、短時間で最大限の成果を出せるのだ。

かつての私のように、プライベートを犠牲にして「こんなに頑張っているのに、なんで……」と思っている人がいたら、人生と仕事に対する根本的なアプローチの仕方が間違っているのかもしれない。

「ライフ」のために「ワーク」をするわけだから、「ワーク」のために「ライフ」が犠牲になっては本末転倒なのだ。それでは充電切れになって「ワーク」にも力が入らなくなってしまう。

「ワーク」はあくまでも「ライフ」を充実させるための手段であり、両者がトレードオフの関係になってはいけない。「ワーク」と「ライフ」はお互いをポジティブに補い合うような相互補完関係にしなければならないのだ。

「ライフ」を存分に楽しめるから、エネルギー満タンになって「ワーク」に取り組める。「ワーク」の目的が、あくまでも「ライフ」の充実にあるから、短時間で最大限の成果を出せる。そして、「ワーク」で得たリソース（お金・知識・スキル・人脈・休暇など）を、「ワーク」と「ライフ」をさらに充実させるために投入していくから、嬉しい好循環を生み出せる。

このポジティブなサイクルこそが、本当の意味での「ワークライフバランス」なのではないだろうか。

では、実際、夫婦共働きでワークライフバランスを実現しているデンマークの人びとはどんな暮らしを送っているのだろうか。ひとつ、エピソードをご紹介する。

保護者会にはパパも参加して、積極的に発言

デンマークで保護者会に参加すると、ハッとする。

小学校や保育園・幼稚園の保護者会は夕方に開催されることが多いのだが、当たり前のように「パパ」が出席しているのだ。見渡すと、ジェンダー比率的には、五分五分の印象だ。

夫婦揃って出席する家庭もあれば、パパあるいはママが代表で出席している場合もある。たまに、いかにも対外的な仕事帰りという感じで、ちょっと派手なステキな格好をしているパパやママの姿も見かけるが、大半は完全に普段着である。スポーツウェアやジャージ姿、短パンにビーチサンダル。どう見ても、部屋着でそのまま出てきました、というような格好だ。

しかも、先生の話を、腕組みしながら、肘をつきながら、足を組みながら、それぞれの姿勢で聞いている。

一見やる気がなさそうに見えるのだが、保護者会ではパパもママも積極的に発言する。手を挙げて（正確には、人差し指を上に挙げて）質問があれば質問し、意見があれば意見を言い、みんなに役に立つ情報があればシェアしてくれる。

日本のPTAとは少々異なるが、デンマークでもクラスの役員を選んで「委員会」を結成する。イベントの企画や保護者・子ども同士の交流を通じて、クラスの円滑な運営を促進する。この委員会に、パパも積極的に参加する。

「委員会のメンバーになってもいいという方は挙手をお願いします」
「はい。僕、なるよ」
「私も」

という感じで、メンバーはサクッと決まっていく。

ちなみに、男性が参加したからといって、ちやほや持ち上げられて「代表」のような役割を当てがわれることもない。パパもママも対等で、女性だからとか、男性だからといった役割の相違もない。

仕事も家事育児も「夫婦の共同プロジェクト」

ある意味、デンマークは厳しい国だ。

「家事育児は女性が担《にな》うもの」といった考え方が通用しないのだから。男性は仕事を言い訳に家事育児を放棄できないし、女性は家事育児を言い訳に仕事を放棄できない。

女性も、男性からは稼ぐことを期待されるし、国からは納税者になることを期待される。

だから、「結婚して専業主婦になりたい」「ちょっと社会人を経験してから寿《ことぶき》退社したい」という女性や、「一家の大黒柱として稼いでるのだから、家事育児は妻がすべき」「仕事が忙しいから、子どもの世話はできない」という男性には、かなり厳しい社会である。

その意味で、正直、デンマーク社会とは、相性がいい人とそうでない人がいると思う。

そのあたりをデンマーク人はどう思っているのだろうと思って色んな人にインタビュー

して聞いてみたところ、大半のデンマーク人は、夫婦共働きのフルタイムで、家事育児も夫婦で分担した方がいいと思っているようだった。仕事ができることも、子育てに参加できることも、「権利」として捉えているのだ。

２人ともフルタイムで働いて、午後4時以降は夫婦揃ってファミリータイムを持つ。そして、２人分の財布を合わせ、快適な暮らしづくりや、長いバケーションを楽しむ。それがデンマークの一般的な夫婦の形だ。

そのためデンマークでは、仕事漬けの男性は、経済的に自立している女性からあっさりと別れを告げられてしまう。夫婦共働きの「ワークライフバランス先進国」は、そんな危険とも隣り合わせである。

日本とデンマークの合弁会社で働いてみて気づいたこと

では、デンマーク人の働き方やライフスタイルは、日本人のビジネスマンの目にはどのように映るのだろうか。

日本でビジネスマンとして猛烈に仕事をしていた山田正人《やまだまさと》さんは、50歳になって初めての海外駐在生活を送ることになった。

三菱重工と世界の風力発電をリードするベスタス・ウィンド・システムズ社が合弁で設立した洋上風力タービン製造会社の最高戦略責任者として、2014年から6年間デンマークで生活することになったのだ。

日本で働いていた頃は、毎晩、残業や付き合いで外食をしていた。周囲も当たり前のように外食をしていて、それが当たり前だと思っていた。週末だけ家で食事していたが、今度は子どもたちが外出していて、家族みんなでゆっくり食卓を囲む時間はほとんどなかった。

けれど、駐在で暮らし始めたデンマークには、仕事帰りに同僚と飲みに行く習慣も、お客さんを接待する習慣もなかった。

勤勉で責任感が強く、プロとしての高い向上心を持つデンマーク人が、家庭を最優先にして、毎日午後4時に帰宅する。午後5時にもなれば、会社に残っているのは、山田さんをはじめ、日本人の駐在員だけだった。

戸惑いながらも、山田さんは、現地の風習に合わせてライフスタイルを切り替えた。残業をできるだけ減らし、一緒に駐在していた妻と、当時は高校生だった娘と一緒に、家で夕食を食べることにしたのだ。

毎晩、日本のテレビもない環境で、食卓を囲みながら、お互いにその日の報告をし合った。家族で今日1日の大変だったことや新しい発見などを盛りだくさんに話すなかで、今までとは違う景色が見えてきた。

「家族と一緒に夕食を食べるなんて、ささいなことに思えるかもしれません。でも、**それで本当に人生観が変わりました**。お互いのことを知れて、家族の絆がものすごく深まりました」

当時を振り返って、山田さんはしみじみと語る。

「家族と一緒に夕食を食べる」ことから始める

現在、山田さんは日本に戻り、新たな合弁会社、MHIベスタスジャパン株式会社で代表取締役社長を務めている。夕食はできるだけ家族と一緒に食べるようにしている。

午後8時半過ぎにはなるが、夜には家族と一緒に食卓を囲む。食後には、煎茶を飲みながら、妻と成人した3人の子どもの話に耳を傾ける。話題は、お互いの推《お》しの話から芸能ネタ、スポーツなどたわいのない話が多いが、ときには熱心に子どもたちの相談に乗る。

山田さんは、子どもたちとのやりとりを本当に楽しそうに話してくれる。そして、こう言う。

「『仕事がひと段落して時間ができたら、子どもと過ごす時間もつくろう』なんて思っているうちに、子どもはあっという間に成長して、家族はバラバラになり、お互いのことがわからなくなってしまいます。あのスティーブ・ジョブズですら、死ぬ前に唯一後悔していたのは、家族との時間を優先できなかったことだと言っているのです。

日本でもワークライフバランスとは言われていますが、労働環境や組織のあり方をヨーロッパのように変えるのは、なかなか難しいものです。

でも、**自分が、一番大切な家族と一緒に夕食を食べる、と決めて実行することならできるのではないでしょうか。とくに、管理職の人たちが率先して家で夕食を食べるようにする。**

騙されたと思って続けてみたら、人生が大きく変わると思います」


デンマークと日本、両方のビジネスシーンを経験した山田さんの言葉には、体感を通じた説得力がある。

働き方は、人生の優先順位で変わる

働き方についてインタビューを重ねて、気がついたことがある。

「働き方」とは、すなわち、どんなライフスタイルを送りたいか、によって変わってくる。

どんな暮らしを送りたいのか。人生で何を大切にするのか。誰とどんな時間を過ごしたいのか。働き方を決めるのは「仕事の仕方」ではなく、「人生の優先順位」なのだ。

なぜデンマークは「ワークライフバランス先進国」なのか。

「デンマークは、制度が整っていて、ワークライフバランスのカルチャーがあるから」と言うのは簡単だ。だが、制度をつくっているのも、カルチャーをつくっているのも、じつは私たち自身である。

デンマーク人は自分や他人の心の声に耳を傾け、一歩先にワークライフバランスの制度やカルチャーを「つくって」きただけなのだ。

「潜在的ニーズ」を読み解く力

さて、ここで今までの話を総括しよう。

デンマーク人は一歩先を歩いている。

人間や地球に優しい「いつか社会に必要とされるもの」に気がついて変化していくスピードが速い。未来を予測する「先見の明」があるからこそ、「デジタル化先進国」「環境にやさしい国」「ワークライフバランス先進国」として評価されている。

なぜそんなことが可能なのか。

以前はその回答がよくわからなかったが、現地で暮らして13年以上経った今、その答えがわかる。

デンマーク人は「自分の心の声」に耳を傾けると同時に、「他人の心の声」にも耳を傾けることが上手なのだ。だから、心の声に耳を澄まして「潜在的ニーズ」にいち早く気がつくことができるのだ。

さらに、「潜在的ニーズ」に気がつくだけでなく、アイデアを実現するスピードが驚くほど速い。

というわけで、次章からは、デンマーク人の仕事効率の謎に迫る。なぜデンマークは４

年連続でビジネス効率性ナンバーワンに輝いたのか。

「時間」をテーマにした第2章と「人間関係」をテーマにした第3章を読んでいただければ、デンマークのビジネス効率性が高い理由《わけ》を納得していただけるだろう。なかなか骨太な内容なので、ぜひ楽しみにしていてほしい。

第2章

真の「タイパ」

——人生を存分に楽しむ
「限りある時間」の創り方

The Kingdom of
Denmark

さあ、「時間」の世界へようこそ。

あなたも、国際競争力ナンバーワンのデンマーク人の「時間の使い方」は、気になるところではないだろうか。

第2章では、数々の取材から見えてきたデンマーク人の時間意識のほか、1日の時間の使い方や勤務時間の使い方などを具体的に紐解いていく。

取材を通じて、私も「なるほど」と感じることが多かった。今、自分で実践していることもあるが、効果は抜群だ。

限りある時間の使い方を考えることは、真に豊かな時間を創ることを意味する。人生という限られた時間を豊かな時間で満たすためにはどうしたら良いのだろうか。

各項の終わりには、すぐに実践できるポイントを記している。何かひとつでも気になるものがあったら、あなたの仕事や生活に取り入れてみてほしい。

働き方は「大切にしたいもの」で決まる
――時間に振り回されない人生とは

「時間を忘れて」喜びを感じるひとときはいつ？

午後4時に帰宅するのに、国際競争力が高いデンマークの人びとは、いったいどんな働き方をしているのか。「効率的な働き方」とは、いったいどんな働き方なのだろうか。という本題に入る前に、ひとつだけ確認しておきたいことがある。

私たちは、何のために働くのか、というテーマだ。

皆さんは、何のために働いているのだろうか。仕事が好きな人も、仕事が嫌いな人も、一度立ち止まって考えてほしい。

あなたは、なぜ今日も働き、明日も働くのだろうか？

お金を稼ぐことの目的、働くことの目的を突き詰めて考えていくと、「私たちがこの人生で大切にしたいものは何か」という、ひとつの根本的な問いに辿り着く。

ここで、私がインタビューしたデンマーク人の声を聴いてみよう。人生で大切なものは何か、という質問への回答だ。

「**人生で一番大事なことは、楽しむこと。新しい人に出会うこと**。僕はそのために一人旅にも出る。あと、健康でいたい。自由を感じられる経済的ゆとりも必要だね。大切なのは、お金そのものではなくて、お金があるからこそ感じられる自由の方だ」（ヴィンセント・男性）

「そうね。昔は働いてばかりだったことを、今、後悔している。私はキャリアの階段を上るために、長時間、夜遅くまで働いていた。でも、もうそんな働き方はしたくない。今、子どもは大きくなって、自分が何者なのかを見極めて進路を決定する大事な時期にいる。**子どもがこの家を出て行く前に、できるだけ一緒に過ごして対話したい**」（カトリーネ・女性）

「最期の瞬間には、自分の人生に満足していたい。お金持ちになる必要はない。偉くなる必要もない。ただ、**満足感があればいい。友人や子どもが僕の喜び**。子どもが元気で、いいパートナーに出会って、嬉しそうに過ごしている姿を見るのは嬉しい」（イェンス・男性）

「**人生で大事なことは、僕自身が元気でいること。健康な身体で、喜びを感じて過ごしたい**。だからスポーツをしている。あと、一緒にいて気分が上がる人たちと一緒にいたい。一緒にいて憤《いきどお》りを感じる人や、ネガティブな気分になる人とは、一緒にいたくない。お互いの幸せを喜び合える人たちと過ごしたい」（カーステン・男性）

さぁ、あなたにとって大切なものは何だろう。

人生は「時間」でできている。つまり、どんな人生を生きたいかは、どんな時間を過ごしたいか、ということだ。

あなたは、どんな時間を過ごしたいのだろう。

もっと言うと、あなたが「時間を忘れて」喜びを感じるひとときとは、どんな時間だろう。誰と、どこで、何をしているときだろう。

あなたは、身体中から嬉しさが込み上げてくる瞬間、お腹の底がかっと熱くなるような瞬間を体感したことがあるだろうか。あったとしたら、それはどんな瞬間だったのだろう。何が嬉しかったのだろう。なぜ嬉しかったのだろう。

あるいは、日常生活で自分の機嫌が良いと感じるのは、どんなときだろう。機嫌が良いときは、なぜ機嫌が良いのだろう。機嫌が悪いときは、なぜ機嫌が悪いのだろう。

自分の機嫌を丁寧に見ていくと、その奥底に、自分が本当は何を大切にしたいと思っているかが見えてこないだろうか。

「友達に会ったりする時間はほとんどない」

ところで、デンマーク人にインタビューをしていて感じたことがある。「芯」があるのだ。

大半の人が、どんな質問も「わからない」では終わらせない。きちんと言語化しようとする。正直、インタビューに回答してくれた人たちのレベルの高さに驚いた。

インタビューをしていて、こんな人たちが集まっているから国際競争力が高いのか、と妙に納得してしまった。

自分にとって大切なものが何かをわかっている。大切なものを守るために、優先順位をハッキリつけて、優先順位の低いものはバッサリ切る。その切り方が潔《いさぎよ》くて、カッコいい。

大企業で管理職をする夫とともに3人の子育てをしながら、コペンハーゲン市のアートホールの運営統括をしている女性ヘリーネも、私がカッコいいと思った一人だ。

私の1時間にわたるインタビューには、犬の散歩をしながら応じてくれた。最初はビデオ通話でお互いの顔を見て始まったインタビューだったが、ヘリーネは私に、インタビュー中に声さえ聞こえれば問題がないことを確認すると、サングラスをかけ、スマホのビデオカメラを切り、スマホをポケットに入れて、犬の散歩を始めた。

こうして音声のみのインタビューが始まった。

私がまず、ヘリーネに聞きたかったことは、「組織のトップとして仕事をしながら3人の子育てをするのは、大変ではないのか」という率直な疑問だった。フリーランスという自由な働き方をしているにもかかわらず、2人の子育てで手一杯になっている私には、そんな重責を担えるとは思えないからだ。しかし、ヘリーネは軽やかにこう答えた。

「そうね。そんなことないわ。**日常生活には、ゆとりがある。**私はいい日々を送ってる」

3人の子どもがいて責任ある仕事もしていて大変、という回答を想定していたので、へリーネの答えは拍子抜けだった。ヘリーネは続ける。

「今こうして犬の散歩をしながらあなたと話しているのも、とても贅沢なひととき。

私はきっと優先順位をつけるのが上手いの。**第一優先は家族。第二優先は仕事。三番目が娯楽や、自分がしたいこと。**この優先順位はいつも変わらない。

私は大好きな仕事をしているから、家族と並んで、仕事の優先順位もすごく高い。職場でいいチームに恵まれて仕事しているから、社交的な欲求はそこで満たされているのだと思う。

だから、友達に会ったりする時間はほとんどない。**SNSも一切使わない。**SNSを見ると、ものすごくエネルギーを消耗するから。ときどきそんな自分に罪悪感を抱くこともあるけど、でも、やっぱりそこに使う時間はないわ」

なんてカッコいいのだろう。多くの人が人付き合いやSNSに振り回されている今、彼女はSNSを見る時間はないときっぱりと言う。世間に流されない、自分の価値観を持っている。

家族を大切にして3人の子育てをし、大好きなアートの仕事でスタッフに恵まれ、組織のトップとして責任のある仕事に取り組んでいる。そして、こう言うのだ。

「日常生活には、ゆとりがある。私はいい日々を送ってる」

彼女の言葉に、あなたは何を感じるだろうか。

1時間のインタビューが終わった頃、ヘリーネは家の近くに戻ってきたようだ。スマホのビデオカメラを再びつけてサングラスを外し、「いいひとときだった。ありがとう」と、爽やかな笑顔でお別れの挨拶をしてくれた。

祝日の午前中。

彼女のおかげで、私もとても清々《すがすが》しい気持ちで1日を迎えた。

ポイント1 優先順位が低いものはバッサリ切る

時間を取り戻せ！

「テイク・バック・タイム（TAKE BACK TIME）」という名前の会社を経営しているのは、ペニーレ・ガーデ・アビルゴーだ。デンマークで週休3日を提唱し、企業やコミューン（市）に対して週休3日制の導入をサポートしている。

（もともと午後4時に帰宅する国民なのに、さらに休む必要があるのだろうか？）

興味を持った私は、ペニーレに連絡した。

SNSを通じて連絡すると、即OKしてくれたものの、「今後はSNSではなくて、メールで連絡して」とお願いされた。

この言葉に、私はペニーレ自身のSNSとの付き合い方を垣間見た気がした。

ペニーレの活動は、社名「テイク・バック・タイム（時間を取り戻せ）」そのままだ。

ペニーレに会社を立ち上げた理由を尋ねてみると、こんな回答が返ってきた。

「私たちの時間は奪われてる。色んなことに時間を奪われていながら、そのことに無自覚でいる。**あっちからも、こっちからも、色んなことに意識が向けられて、振り回されてる。**

だから、私たちは時間を取り戻さなきゃいけない。

時間を意識的に使わないと、あっという間に年をとって死んでいくことになる。それって悲しいことじゃない？　だから、時間の使い方を意識するのは、とても大事なこと」

どうだろう。今、この本を手にしているあなたは、時間を意識して使っているだろうか。

次項では、「タイパ」の話をする。

自分の時間も、相手の時間も大切にするのが、真の「タイパ（タイムパフォーマンス）」だ。

ポイント2　時間を意識的に使う

ムリしない、ムリさせない
――お互いの「タイパ」を尊重する

「心地良いひととき」を手に入れるには

「ヒュッゲ」という言葉を聞いたことがある人もいるかもしれない。「ヒュッゲ」とは、デンマーク語で「心地良さ」を意味する。デンマーク人が大切にしているのは「ヒュッゲなひととき」。つまり、心地良い時間である。

夏、親しい友人を自宅に招いて、太陽の光を浴びながら、ゆったりとワインを飲んで語り合う時間。家族と一緒に湖に行って、美しい景色を眺めながら泳ぐ時間。森に散歩に行く時間。芝生に寝転がって読書をする時間。みんなで焚《た》き火を囲んで、木の枝にくるくると巻いたパンの生地を焼く時間。冬、暖炉やロウソクの火を眺め、手作りのケーキを食べながら、おしゃべりを楽しむ時間……。

身体も心もリラックスし、大切な人と一緒にゆったりとしたひとときを過ごす。そんな時間が日常の宝物だ。

ここで何を伝えたいかというと、本当に大切なプライベートタイムにまで「タイパ」を持ち込んではいけないということだ。大切なひとときまで時間を意識していたら、せっかくの贅沢なひとときが台無しになってしまう。

そうではなくて、本当に大切なひとときを存分に満喫するために、徹底的に仕事の「タイパ」を考えるのだ。

自分が心から喜びを感じられる時間は、それ自体に価値がある。だから、喜びを感じられる時間は削ってはいけない。喜びを感じられる時間をたっぷりと確保するために、そのほかの時間を「タイパ」を意識して効率的に使うのだ。

大事なことがもうひとつ。会社の同僚も部下も取引先の人もプライベートライフを大切にできるように、お互いの「タイパ」を意識すること。

自分の大切なプライベートライフを守る。他人の大切なプライベートライフを守る。

そのための「タイパ」なのだ。

ポイント3 互いの心地良い時間を大切にする。そのための「タイパ」

「付き合い」はしない、させない

そんなデンマークの人びとは「仕事の付き合い」はしない。

フリータイムを大切にするデンマーク人は、同僚や部下を飲みに誘ったりしない。良かれと思って誘ったところで、あっさり断られるのがオチだろう。

もちろん、業界によって例外はある。クリエイターやメディア業界で働く人は、仕事とフリータイムの区別があまりない。趣味も、人間関係も、仕事とプライベートが混ざり合っている。こういった人たちは、勤務時間外でも交流を楽しんでいる。

ただ、彼らは純粋に交流を楽しんでいるだけであって「仕事の付き合いだから仕方なく」という理由で参加しているわけではない。

仕事は午後4時に終了で、その後はフリータイム。この認識が一般的だからこそ、午後4時以降は、きっかりとプライベートモードに切り替えられる。

お互いのプライベートを大切にするからこそ、仕事の付き合いにダラダラと時間を費やさない。

誘われないし、誘わない。ドライといえばドライに聞こえるかもしれないが、デンマーク人は基本的に「仕事よりも大切なものがある」と思っている。

自分にも上司にも同僚にも部下にも、仕事とは別の、大切なプライベートタイムがある。

その認識を前提として、お互いの暮らしを守るためのマナーをわきまえている。

ポイント4　「仕事は午後4時に終了で、その後はフリータイム」が大前提

金曜日は午後2時に帰宅

市の管理職を務めるハッセは、金曜日の午後のインタビュー中にこんなことを言っていた。

「今、午後2時半だけど、部下はもうみんな帰宅してる。残ってるのは僕だけだよ。**部下には部下の暮らしがあるから、もちろんそれでいい。**部下が僕より先に帰ることには、なんの問題も感じないよ」

これがデンマークの現実だ。午後4時どころではない。金曜日には午後2〜3時に帰宅するのがスタンダードで、オフィスは早々に閑散とする。

じつは今、私がいるシェアオフィスも金曜日の午後2時。残っているのは、私を含めてほんの数人だ。

ポイント5 金曜日は早めに帰宅OK!

ポイント6 部下が先に帰っても気にしない

生産性の源泉は「仕事への喜び」

香港で組織のトップとして働いていた経験があるスティーンは、香港でカルチャーショックを受けた。

「僕が香港で働き始めたとき、やることがいっぱいあって20時頃まで働いていたんだ。そうしたら、部下が誰も帰らなくて……なんで帰らないのだろう? って不思議に思ってたんだ。

そうしたら、後になってから気がついたんだけど、**部下たちはみんな、僕より早く帰っ**

てはいけないと思ってたみたいなんだ。そのことに気がついたときはショックだったよ」

部下が上司を気遣って、あるいは上司の視線を気にして帰宅時間を調整するという慣習はデンマークにはない。スティーンのなかで、そのカルチャーは衝撃だった。

その後、スティーンは部下に18時には帰るように「指示」を出した。

理由は、デンマークの社員のように、香港の社員にも喜びを感じて働いてほしかったからだ。

スティーンの考えはこうだ。

生産性が高く、成果を出せるのは、心から仕事に喜びを感じている社員である。心から仕事に喜びを感じるためには、プライベートを犠牲にしてはいけない。プライベートを犠牲にしてしまったら、いつか疲弊して、仕事でも成果を出せなくなってしまう。

しかし、スティーンからの異例な「指示」に、香港の社員は戸惑ってしまった。

最初は、スティーンが部下にどんなに早く帰るように「指示」しても、部下はなかなか帰ってくれなかった。香港の社員には、上司よりも早く帰宅するという発想がなかった。

どうしても上司よりも早く帰宅することに抵抗がある。どうしても上司よりも早く帰宅する気になれないのだ。

たとえ上司の「指示」であっても、上司よりも早く帰ったら給料を減らされるのではないか、解雇されるのではないか、そんな不安が襲ってくる。

スティーンは部下たちの不安を取り除くために、部下の説得を続けた。スティーンからすれば、そんな心配は無用だった。

「早く帰宅したら評価が落ちるのではないか、なんて、そんな心配は要《い》らない。僕が一番心配していたのは、部下が長時間労働で疲れてしまうことだった。部下にはプライベートも満喫してほしい。**プライベートも充実してる方が、仕事の生産性も上がるから**」

スティーンは、部下がプライベートも充実させて、心から仕事に喜びを感じてくれることが一番嬉しいと断言する。

仕事のためにプライベートライフが犠牲になれば、メンタルが疲弊して、そのツケが必ず仕事にはね返ってくる。

逆に、プライベートライフをしっかり楽しみながら、情熱的に仕事に取り組めれば、仕事でも成果を出せる。働くことに喜びを感じられることは、生産性のためにもとても重要なことなのだ。

ポイント7　仕事の生産性アップには、プライベートライフを楽しむことが不可欠！

会議はアジェンダと終了時刻を設定する

プライベートライフを充実させようと思ったら、仕事を早く切り上げられるように、勤務時間中の仕事効率を最大限に上げるしかない。

そのうえで、ネックになるのは「会議」だ。

他の仕事をどんなに効率化させても、だらだらと長い会議が複数入っていたら、1日はあっという間に過ぎてしまう。

デンマーク人が会議を開くときは、会議の開始時刻だけでなく、終了時刻も設定する。終了時刻をきちんと決めておくことで、ダラダラせずに議論ができるからだ。

また、会議のアジェンダと目的を決めておく。そして、時間内になんとか結論を導き出すようにする。

万一、結論が出ない場合も、会議時間を延長することはない。その場で会議時間を延長しても、多くの社員が退席してしまうからだ。結論が出なくても、その日の議論はとりあえず打ち切りにして、また別の日時に会議を設定する。それがデンマーク式の会議の開き方である。

ちなみに、コロナ禍以降はオンライン会議の効率の良さに気がつき、同じオフィスにいながらオンライン会議で済ませるケースも増えた。

ポイント8　会議は「終了時刻」も決めておく。延長はしない

中間管理職はミーティング尽くし

だが、それでも、問題はあるようだ。

デンマークでも、社員が多く大規模な企業になるほど、組織構造が複雑になる。中間管理職は多様なステイクホルダーとの調整役を担うため、必然的に会議が多くなる。そのため、デンマークでも、中間管理職の1日のスケジュールは、ミーティングで埋め尽くされている。

中間管理職を歴任してきたルイーセ・ウェリングは、日々の仕事に追われているようだった。彼女のスケジュールは会議で埋め尽くされている。

さらに、彼女は不動産業界でも働いていた。不動産業界にとって、顧客対応で忙しくなる時間は、顧客のフリータイム、つまり、平日の夕方や週末である。デンマークでも職種によっては、ワークライフバランスを取るのが難しい様子がうかがえた。

また、同じデンマークの職場といっても、外資系企業のデンマーク支部や、ビジネスをグローバルに展開しているデンマーク企業のワーキングカルチャーは、純粋なデンマーク企業や組織のワーキングカルチャーとは少々異なる。さまざまな国の社員や取引先が関わるようになると、必然的に職場のデンマーク色は薄くなる。

私が取材した印象では、デンマーク色が濃い職場で働いている人の方が、ワークライフバランスが確保されているようだった。

1時間の会議は50分に設定する

では、1日のスケジュールがほぼ会議で埋め尽くされている中間管理職を救うためには、どうしたら良いのか。

会社「テイク・バック・タイム」を経営するペニーレは、会議の開催方法についても提案している。ペニーレ曰く、デンマークの中間管理職のスケジュールは、基本、ミーティングで埋め尽くされている。

「朝出勤して、9時から10時、10時から11時、11時から12時……ずっと会議が続く。ずっと会議が続くから、各会議のために準備をする暇もない。だから、**会議の冒頭の時間を『この会議のテーマはなんだっけ？』という確認に使うことになってしまう。そんなのは時間の無駄**」

と、言い放つ。さらに、ペニーレは面白い指摘をする。会議というのは、1時間に設定すれば1時間かかり、2時間に設定すれば2時間かかるものだと言うのだ。

言われてみれば、たしかに思い当たるところがないだろうか。

そのうえで、会議の仕方について、ペニーレはこんな提言をする。

「**会議は中途半端な時間に設定するのがいいの**。30分の会議は、25分に設定する。1時間の会議は50分に設定する。そうすると、自然に、時間に意識が向くようになるから」

なるほど。これはちょっと画期的なアイデアかもしれない。30分の会議は25分に、1時間の会議は50分に設定すると、無意識に時間に意識が向きそうだ。

さらに、そうすることで、会議と会議の間に5分や10分の隙間時間が生まれる。その間にちょっと一息つくこともできるし、次の会議のアジェンダに目を通すこともできる。

そのアジェンダだが、ペニーレによれば、会議の冒頭で共有をすることが重要である。司会者だけでなく、会議の出席者全員でアジェンダを共有しておくことで、議論が脱線したときに軌道修正しやすくなる。議論が脱線していったときに、司会者だけでなく、ほかの出席者も脱線していることを指摘して、議論を戻すことができるからだ。

会議を効率的に進めるためには、アジェンダの共有とタイムキーピングをみんなで意識するといい。

ポイント9　会議の時間を「中途半端」に設定してみる

ポイント10　会議の冒頭でみんなでアジェンダを共有

発言しない人は会議に呼ばない

会議やイベントへの出席者数も、工夫の余地がありそうだ。

日本に出張に行ったことがあるハッセは、日本でのカンファレンスをこう振り返る。

「**出席者がたくさんいて驚いたよ**。トップから中間管理職ナンバーワン、中間管理職ナンバーツー、秘書ナンバーワン、秘書ナンバーツーとか（笑）」

デンマーク人から見ると、日本人のイベントや会議への出席者は異様に多く見えるようだ。本当に、全員で出席する必要があるのだろうか。

イベントや会議に招集するとき、声をかけようとしているメンバー全員が本当に出席する必要があるのか、一度考えてみても良さそうだ。

また、イベントや会議に招集されたとき、本当に自分が出席する必要があるのか、立ち止まって考えてみるのも良さそうだ。

イベントや会議への出席者を最低限にすることも、お互いの「タイパ」につながる。出席者が少ない方が話が早いし、出席しない人はその分、その時間を別のことに使えるからだ。

ちなみに、デンマークでは発言しないメンバーは会議に呼ばれなくなる。会議とは意見を交わすものであり、発言しない人はいても意味がないと思われるからだ。

ポイント11 会議には、本当に全員で出席する必要があるのか？ を考える

中間管理職の「承認」を飛ばすことも

そもそも、日本の会社は、組織の意思決定プロセスに関わるメンバーの数が多いのかもしれない。

映画監督キャスパーは、日本が大好きで、日本を舞台にドキュメンタリー映画を撮ってきた。キャスパーは日本とのやりとりについて、こう語る。

「ひとつのことを進めるのに、色んな人の許可が必要で、ものすごいプロセスを踏まなきゃいけない。最終決定までに何人もの許可が必要なこともある。だから、なかなか物事が前に進まない。日本人の労働時間は長いと言うけれど、**いちいちこんなに細かい手続きを踏んでいたら、それは労働時間が長くなるに決まってる**、と思ったよ」

このように、日本とのやりとりを煩雑《はんざつ》に感じるのは、キャスパーだけではない。デンマーク人と話していて、日本企業と仕事をする大変さが話題に上ることは多々ある。とくに、確認作業の多さに辟易《へきえき》する人が多いようだ。

シンプルに考えてみよう。

社員のワークライフバランスを重視する海外の企業が、手続きが煩雑でコミュニケーションコストが高い日本企業と一緒に仕事をしたいと思うだろうか。

デンマークの組織について、キャスパーはこう説明する。

「デンマークでは、日本の組織の意思決定プロセスにいるはずの何人もの中間管理職の承認を飛ばせる。**デンマークの組織は基本、少人数かつプラグマティックで、意思決定のスピードが速い**」

キャスパーが共同経営する映画会社も少人数だ。国内外で数々の賞を受賞するクオリティの高いドキュメンタリー映画を制作しているが、常駐スタッフはほんの数人だ。あとは、パートナーやフリーランスを含む約10人のコアメンバーでさまざまなプロジェクトを進めている。それぞれが自分の役割を担いながら、みんなでサポートし合う。会議やプレゼンはほとんど開かない。

私は数少ない会議のために、この映画会社を訪問することがあるが、やはり会議は短時間で終わる（いつもコーヒーやお茶を淹れてくれるのが嬉しい）。会議で何かを決めるというよりは、ざっくりとした現状把握と、これからすべきことの確認という感じだ。出席者は最大で4

人くらいだろうか。意思決定のスピードは驚くほど速い。

あるとき、会議に出席していたスタッフが、途中から自分にはあまり関係のない内容だと思ったようで「じゃ、私はここで」と、サクッと退席したが、誰も気に留めていなかった。

（あ、これでいいのか）

と、さりげないシーンに日本との相違を感じた。

ポイント12 意思決定に関わる人数を減らせるか？　と考えてみる

ポイント13 相手のコミュニケーションコストを抑える

ダブルチェックは不要

海外の企業が日本とのやりとり、とくに確認作業の多さに辟易してしまうと述べたが、デンマーク人にとって、無意味なタスクの代表は「ダブルチェック」である。

基本的に、デンマークではマイクロマネジメント（細かい管理）を一切しない。上司が部下の仕事の進捗《しんちょく》を細かくチェックすることは、デンマークではする必要がないどころか、「タブー」の領域である。

ミスが発生しないように、念のために複数人が目を通してチェックするというのは、日本ではよくある作業で、決してめずらしいことではない。おかげでミスを防げているというメリットも大いにあると思う。だからこそ、ＪＡＰＡＮブランドは信頼されている。

だが、複数の人が同じ作業をするために時間を使えば、一人ひとりの社員と組織全体にとっての時間コストという面では、やはりコストが高くなる。


デンマークでは、部下や同僚の仕事の「ダブルチェック」はしない。そこに時間を使うよりも、一人ひとりの社員が責任を持ってベストを尽くして仕事をした方が、効率がいいと思っているからだ。

もちろん、仕事によってはひとつのミスが致命的になるのでダブルチェックした方が良いだろう。だが、成果よりも時間コストの方が大きい「無駄なダブルチェック」はしていないだろうか。

無駄なダブルチェックをなくすだけで、使える時間は圧倒的に増える。それに、担当者は自分だけだと思えば、より責任感を持って仕事に取り組むようになるし、自分の仕事に誇りが持てるようになる。そうなれば、俄然《がぜん》やる気が湧いて、むしろミスが減る可能性も高い。

ポイント14 無駄なダブルチェックをなくす

メールのccは必要最低限に

みんなで情報共有するためのメールのccも要注意だ。メールに不要なccを入れるのも、相手の「タイパ」の妨害になるからだ。

メールでccを入れると、ccに入っている人たちがメールに目を通すために時間を使うことになる。じつは、これも、複数の人が同じことをする「ダブルチェック」に似ている。無意識かもしれないが、ccを入れることによって、お互いの時間を奪い合うことになっている。

ccを入れる際には「なぜこの人をccに入れるのか？」を考えたい。進捗を把握しておいてもらいたいとしても、本当にやりとりを逐一ccに入っている全員に把握してもらう必要はあるのだろうか。「ccの断捨離」を定期的にしてみるのも良いかもしれない。

ccをすることで各自との細かいやりとりを省けて、お互いのタイパにつながるのであれば意味がある。だが、無駄なccはやめた方が、お互いのタイパになる。

ポイント15 メールのccは必要最低限にする

メール対応方法をルール化——集中タイムを確保する

仕事の生産性は、手持ち時間を最大限有効に使えるかどうかに左右される。

「テイク・バック・タイム」のペニーレは、集中できる環境をつくって、今日すべき仕事をしっかり達成できるようにする重要性を説く。
そのために、メール対応方法のルール化を提案する。

「ずっとメール対応してる人がいるけど、それはものすごい時間とエネルギーの無駄。**四六時中メール対応をするということは、常にタスクの切り替えをしているようなもの。**生産性がものすごく下がる」

そう指摘したうえで、ペニーレは、「メール対応」をまとめてひとつのタスクとして設定し、所要時間も決めることを提案する。
たとえば、1日に数回30分間の「メール対応」というタスクを設定し、その時間に一気に返信する。返信に時間がかかるメールは「○○へのメール」という新たなタスクとして設定し、所要時間を決める。そうすることで、「メール対応」の時間以外はメールを気にする必要がなくなり、しなければならない他の作業に集中できるようになる。

四六時中メールチェックをしていると、頭の中にひっきりなしに新しいタスクが飛び込んでくる状態になる。そうなると、気が散漫になる。

また、すぐにメールに返信すると、相手からもすぐに返信が返ってきて、メールのラリーになることもある。そうなると、結局、メール対応ばかりに時間を使って、すべきことが進まなくなる。

あなたも身に覚えがあるのではないだろうか。少なくとも、私には身に覚えがある。過去の自分の仕事の仕方がなぜ非効率だったのか、なぜやってもやっても終わらなかったのか、その理由が今ならわかる気がする。

そして、メールだけでなく、ＳＮＳも同様であることは言うまでもない。

ポイント16 「メール対応」の時間を決める

ムリしない、ムリさせない――相手の時間を尊重

自分も相手も午後４時に帰宅しなければならないとわかっていると、勤務時間中は時間を意識し、お互いに負荷がかかることは自然にしなくなる。

何をするときにも、それだけの時間をそのタスクにかける必要があるのか、と頭のどこかで考えるようになるからだ。また、相手の時間にも配慮するようになる。

たとえば、会議に使う資料のコピーを部下にお願いしたとき、「それだけの時間的コストを相手に払わせる必要が本当にあるのだろうか」「そもそも本当に資料が必要なのか」と考えるようになるというように。

自分もムリせず、相手にもムリさせないようにしよう、と意識するようになる。

自分も相手もプライベートタイムを大切にできるように、限られた時間で、どれだけ効率的に仕事を進められるか。そこが勝負になってくる。

そう考えると、無駄な業務をしている暇なんて無いことに気がつく。また、相手側にも、無駄な業務に付き合っている暇なんてないことに気がつく。

大切な人とゆったりしたプライベートタイムを楽しむためには、細かいことに囚われている時間なんてない。お互いの「タイパ」のために、ムリしないようにしよう。相手にもムリさせないようにしよう。

ポイント17 **時間的に「ムリしない、ムリさせない」を意識する**

コラム COLUMN

優秀な「ワークライフバランス世代」

「ワークライフバランス先進国」として知られるデンマークだが、ちょっと前の世代までは、そこまでワークライフバランスが重視されていたわけではないようだ。

70代の義母は、昔はデンマークでも、子どもの迎えのために早退するのはめずらしいことで、時代の変化とともに、子どもを育てながら働く人が増えてきた、と振り返る。

ワーキングカルチャーも少しずつ変化してきたようだ。現在40代の建築家ソーレンは、自分たちの世代では、インターン中は多少ムリして働くのが当たり前だったと言う。上司との関係性も考え、一生懸命に働いていた。

それに対して、今の若い世代は「ワークライフバランス世代」である。インターンという立場でも、仕事に対して境界線を引くのが上手で、まだ仕事が残っていても午後４時になったらサクッと帰宅する。

しかし、ソーレンは若い世代をたしなめない。むしろ、リスペクトしている。

「**今の若い世代は、ものすごく優秀だ。**自立して仕事を進められる。この前も、インターンの学生が長期間にわたって自分でプロジェクトを進めていて本当に驚いたよ。スキルも高いし、ネットやＳＮＳのおかげか、すごくグローバルなマインドセットを持っている」

このように若い世代の優秀さについて語っていたのは、ソーレンだけではない。デンマーク社会には年功序列の概念がない。インタビューで若い世代を褒《ほ》めちぎっていた中年のビジネスパーソンの姿がとても印象的だった。

プライベートを死守する働き方
——デンマーク人の1日を追う

プライベートライフを守る「覚悟」

プライベートライフを守るためには、それなりの「覚悟」が必要だ。

片っ端から真面目に仕事に取り組んでいると、やってもやっても終わらない事態が発生する。何とか切りのいいところまで片を付けようとした結果、帰宅時間が遅くなり、プライベートライフがなくなってしまう。

そんな事態を避けるために必要なこと。

それはプライベートライフを守るという「覚悟」である。

先述したとおり、デンマークでは、仕事を理由にプライベートを犠牲にすることが常態化すれば、簡単に離婚の危機に陥《おちい》ってしまう。夫婦共働きで、家事育児も夫婦で力を合わせてすることが前提になっている社会だからだ。

どちらかの仕事が忙しいときは、夫婦で話し合って調整する。その代わり、忙しい時期を乗り越えたら、その分、家族と過ごす時間をたっぷりつくる。

子どもがいる家庭の真ん中にあるのは、いつも家族みんなで過ごす時間である。その傍《かたわ》らで、夫婦がお互いの仕事を尊重し合い、それぞれの仕事の波に合わせて労働時間を調整する。

仕事ばかりしていると、パートナーに別れを切り出されてしまう。デンマーク人男性のなかには、じつはそんな微《かす》かなプレッシャーを感じている人もいるかもしれない。

そう思って尋ねてみたのだが、私が取材した大半の男性は、パートナーからのプレッシャーというよりも、自分自身が家族との時間を大切にしたいから早く帰宅するのだと話してくれた。

プライベートライフを守るという覚悟があるからこそ、勤務時間を最大限有効に使う覚悟が生まれる。なんとしても仕事を効率良く終わらせる方法を考えざるを得なくなるのだ。

ポイント18 プライベートライフを守る「覚悟」を決める

「午後○時までに退社する！」

デンマーク人は午後3時を過ぎると、帰宅モードに入る。女性だけでなく、男性もである。これは、ある意味、「過酷」である。少なくとも、私にはキツい。

デンマーク人が効率的に働くのは、終了時刻がキッカリと決まっているからだ。しかも、終了時刻は、午後4時。子どもの習い事などもあるので、場合によっては、午後2〜3時だ。

朝出勤して、午後2〜4時という「終わり」を意識して、1日の時間の使い方を考える。「終わり」が決まっているから、その時間までに終わらせる方法を考える。「〆切」があるから、エンジンがかかる。

その意味では、午後2～3時とは言わずとも、デンマーク人のように、無理やりでも、「○時に帰宅する」と決めてしまうのは、生産性を上げるための良いアイデアである。

ポイント19 退社時間を決める

ランチは30分！　勤務時間中は集中

帰宅時間が早いから、ゆっくりランチをしている時間はない。基本、ランチタイムは30分である。

こんな感じのイメージだろうか。

日本人の勤務時間は午前と午後に分かれているから、その間にゆっくりランチ休憩をとってエネルギーを充電する。デンマーク人は、1日1回だけ一気に働くので、ランチ休憩は最長30分で切り上げる。その代わり、早く帰宅して、しっかり休息をとる。

味気ないように感じるかもしれないし、実際に味気ないところもあるのだが、これは「仕事モード」を崩さないためには、有効だ。

気の利いたランチの選択肢があまりに少ないことも、この傾向に拍車をかける。日本のように、安くて美味しいランチが至るところにある誘惑だらけの環境では、ランチを選ぶ必要も出てくるし、ゆっくり味わいたくなってしまう。

ちなみに、デンマーク人のランチタイムは日本よりも少し早く、11時半~12時半頃のイメージだ。

社内に食堂がある職場も多く、ランチタイムには、職場の人とプライベートの近況報告や仕事の情報交換をする。上司も部下も関係ない。ランチの席に役職は関係なく、ひとりの人間として、あるいは家庭のパパ・ママとして、管理職もインターンもごちゃ混ぜになってカジュアルに会話を楽しむ。

そして、30分経つと、あっさりと仕事に戻っていく。1日の仕事の「終わり」を意識して。

ポイント20 ランチはサクッと短時間で「情報交換」

フレックスタイム制を活用——労働時間は自分のペースで調整

プライベートを大切にするデンマーク人の暮らしを支えているのは「フレックスタイム制」だ。基本、デンマークは週37時間労働で、フレックスタイム制を導入している職場が多い。

ご存じの方も多いと思うが、フレックスタイム制とは、一定期間における総労働時間を定め、その範囲内でフレキシブルに働く制度だ。

たとえば、デンマークであれば、1週間に37時間労働が基準なので、その基準を目安にして、始業時刻と終了時刻を自分で決めて良い。

子どもがいる夫婦の場合、自分が保育施設に子どもを送りに行く当番の日にはゆっくり出勤し、お迎えの当番の日には早く退社する。夫婦が2人ともフレックスタイム制を使えることによって、時間的な融通が利き、時間を調整し合って仕事ができる。

その意味で「フレックスタイム制」は、子どもがいる家庭にとって必要不可欠な制度とも言える。私がインタビューしたデンマーク人は、みんながみんなフレックスタイム制のメリットを語っていた。

また、フレックスタイム制を利用して、出勤前に私のインタビューに応じてくれた人もいた。ヴィンセントも、そのうちのひとりだ。

ヴィンセントは、フレックスタイム制をとても気に入っている。子どもが自立して暮らしているヴィンセントには、これといった日常のルーティーンがない。

「**朝7時に出勤することもあれば、朝10時に出勤することもある。**今日は朝起きて、こうして君と話してるし。今、起きたばっかりだよ（笑）」

朝8時から始まったヴィンセントへのインタビューは、大企業に勤めている人の出勤前とは思えないような、とてもゆったりとした楽しい朝のおしゃべりタイムだった。

ポイント21　会社はフレックスタイム制を導入＆活用する

フレキシブルに在宅ワーク

在宅ワークも、フレックスタイム制と同じように重宝されている。在宅ワークの理由はさまざまだ。風邪で休んでいる子どもの面倒をみるため、検診に行くため、家に大工が来るため、家族が誕生日のためなど、じつに色んな理由で在宅ワークをしている。

デンマークでは、コロナ前から在宅ワークが可能だったが、コロナ以降はより積極的に在宅ワークを取り入れるようになった。タスクのタイプに合わせて、場所を選ぶようになった人もいる。

たとえば、誰にも邪魔されずに「集中モード」に入った方が捗《はかど》るタスクは家でする、といった具合だ。また、遠方に住んでいる人などは、通勤時間を省略するために、出勤しなくても済むタスクは家でするなどしている。

デンマークに限ったことではないが、今の時代、在宅ワークを許可しないと、優秀な人材が離れていってしまう。優秀な社員をキープするためにも、社員がプライベートとの調和をはかりながら、フレキシブルに場所を選んで働ける環境を会社側は用意した方がいい。仕事もプライベートもムリなく両立できる環境があってこそ、社員が喜びを感じて仕事に取り組めるようになり、生産性もアップする。また、優秀な社員の離職率も減って、会社にとってプラスになる。

ポイント22 会社は在宅ワークを許可する

夫婦の役割分担をプランニング

フレックスタイム制や在宅ワークを活用した働き方をすると、夫婦の動きも、社員の動きも、毎日一定ではなくなる。そこで不可欠になるのが、日々のプランニングである。

デンマークでは夫婦でお互いの仕事や子どものスケジュールを共有している家庭が多い。男性も女性も、家族の予定を自分のカレンダーに書き込み、それをベースに自分の仕事の計画を立てている。

3人の子どもがいながら組織のトップとして仕事しているヘリーネも、家族全員のプランを確認できるファミリーカレンダーを使っている。

毎週日曜日には、夫婦でお互いの来《きた》る1週間のスケジュールを確認し合う。早朝出勤する日、遅くまで仕事する日を確認し、学校の保護者会などがあれば、誰が保護者会に出席するかを決める。また、まだ小さな一番下の子を、誰が学校に連れて行くか、迎えに行くか、誰が夕食をつくるかといったことまで、まるで会社のタスクのように事細かく決める。

プラン作成や家事育児の分担にあたって夫婦喧嘩をすることはないのかと尋ねてみると、爽やかな回答が返ってきた。

「喧嘩になったことは一度もないわ。私たちは一緒に協力してプランを立てられる。たぶん、それができるのは、**お互いがお互いの仕事の素晴らしさをわかっていて、お互いの仕事を尊重しているから**だと思う」

ヘリーネの回答をどう感じるだろうか。

私は彼女の回答を聞いて、ストンと納得するものがあった。お互いがお互いの仕事を認め合っているからこそ、対等に仕事を尊重し合い、対等に家事育児にも取り組めるのだ。どちらかが「自分の仕事の方こそ重要だ」と思っていたら、そうはいかないかもしれない。

ヘリーネの夫は、大企業のＩＴ部門の統括をしているため、会議が多くて帰宅が遅くなる日もある。ヘリーネが、数日間の出張に出ることもある。それでも、夫婦は家事も３人の子育ても上手くやりくりしている。

仕事と家庭を両立する日々のなかで、ヘリーネが大切にしている時間は、朝起きてから約15分間の自分時間だ。

朝６時半に起きて、15分間、太陽を眺めながら体操をする。ヘリーネの言葉で言えば「太陽に挨拶」をする。

たった15分間でも、その静かな時間を持つことが、ヘリーネにとっては、とても重要だ。その後、シャワーを浴びて、７時に子どもを起こしに行く。３人の子どもを持ち、組織のトップを務めるヘリーネの１日が始まる。

ポイント23 ファミリーカレンダー共有。週末、パートナーと翌週の予定確認

ポイント24 朝、15分の「自分時間」を設ける

午後4時までに終わらなかった仕事は夜片付ける

さて、家族との時間を過ごすために午後4時には帰宅するデンマーク人だが、じつは、隠されたカラクリがある。

ここまで読んできて、本当に午後3～4時までにすべての仕事を片付けられるのか？　それで国際競争力ナンバーワンなんて、あまりにも出来すぎではないか？　と、感じられた方もいるだろう。

そうなのだ。じつは、ここがミソなのだ。

結論から言うと、本当に午後4時までにすべてを終わらせて切り上げる人もいれば、終わらなかった仕事を家に持ち帰り、夜、子どもの就寝後に1~2時間仕事をする人もいる。夜ではなく、早朝、家族が寝ている間に仕事をする人もいる。

なんだ、いくら効率的なデンマーク人でも、やっぱり午後4時には終われないのか。読者の皆さんをガッカリさせてしまったかもしれない。

だが、私はむしろ、だからこそ、国際競争力ナンバーワンのリアルな説得力があるし、日本人も勇気づけられるものがあると思っている。

デンマーク人は、けっこう勤勉なのだ。日本人とは少し違う意味で真面目だし、自分の役割をしっかり果たそうとする。だからこそ、どうしても終わらせなければならないと感じるタスクは家に持ち帰って、その日の夜か、翌日の早朝に終わらせる。

仕事を持ち帰るかどうかは職種によるところが大きく、現場で完結する職種の場合は、家に仕事を持ち込むことはない。だが、管理職の人はとくに、夜や早朝に1~2時間仕事して調整している人が多い。

デンマークに駐在する日本人は、デンマーク人を決して怠け者だとは言わない。それは、午後4時には家族を優先させて帰宅するにもかかわらず、プライベートタイムをしっかり取った後、夜9時頃から深夜にかけて再びメールが活発に飛び交うからだ。

とくに管理職などの責任ある仕事をしている人は、日中にはできないタスクを夜や早朝に片付ける。

こんなデンマーク人の姿に、あなたは何を感じるだろうか。

私はその姿に、デンマーク人がプライベートライフと仕事の両方を本気で大切にしようとする責任感の強さを垣間見る。

デンマーク人が午後4時に帰宅するのは、家庭でも仕事でもきちんと自分の役割を果たそうとするからだ。

デンマーク人だって、みんながみんな午後3時や4時にすべての仕事を終えられるわけではない。それでも、家族との時間をしっかり持つために、午後4時に帰宅する。そのうえで、処理しきれなかった業務を、ファミリータイムの後に片付ける。

たしかに、責任のある管理職や自営業をしていて、本当に家族と仕事の両方を大切にしようとしたら、このルーティーンになるのかもしれない。家族だけを選ぶのではなく、仕事だけを選ぶのではなく、両方とも選ぶ。そのために、午後4時に帰宅するのだ。

ポイント25 仕事が残っていても、とりあえず午後4時に帰宅する

「仕事を追う」ために、フリータイムに仕事

その意味で、デンマーク人も「残業」はする。しかも、管理職や自営業の場合、残業代は無しだ。

しかし、一部の職種を除いて、一般的に、デンマーク人の残業にはそれほど悲壮感が漂っていない。それは、誰かに強制されているわけではなく、自ら選び取っているからだろう。

「夜、家で仕事をすることはある。でも、**誰かに指示されているわけではない**。そんなこ

と、強制なんてできないよ」

会社に指示されているわけではない。自分がやった方が良いと思うからやっているのだ。インタビューでは、大半の人が、誰かに強制されているわけではなく、自分が働きたいから働いているのだと言っていた。

もちろん、ストレスフリーではないだろう。だが、彼らの言葉には「追われている感」がそれほど感じられない。「追われている感」がまったくないとは言わないが、同時に「追っている感」がある。自分が納得できるように仕事をしたいから、あるいは、翌日の仕事をスムーズにしたいから、フリータイムに仕事をして調整している。

フリータイムを使って仕事をするのは、自分の役割をきちんと果たしたいからだ。

デンマーク人にとって、仕事とは、単にお金を稼ぐ手段ではない。仕事とは、自分が関心のある分野への知識や経験を深めることであり、その役職を通じた社会貢献であり、社会的責任を果たすことである。また、社会的責任を果たしていくことを通じた自己成長である。

デンマークには、午後3～4時に帰宅後は一切仕事しない人もいるし、夜や早朝にもう一《ひと》仕事する人もいる。やりがいのある仕事、喜びを感じる仕事、使命だと思える仕事には、残業してでも立ち向かう。ただし、プライベートも同時に大切にしながら。

仕事が好きな人は、プライベートも仕事も、両方とも取ればいいのだ。あとは、バランスだ。

ポイント26 残った仕事は、夜または早朝に片付ける

「妻にも働く喜びを感じてほしい」――夫婦間の仕事のバランス

デンマーク人といえども、働く人は働く。仕事への関心と責任感の強さがそうさせるのだろう。

ハッセは管理職に就いてから長時間働くようになった。基本的にずっと仕事のことを考えていて、本当に仕事のことを忘れられるのは長期休暇のときだけだ。

休日でもスマホをチェックし、仕事の電話が来れば、電話に出る。家ではスマホを玄関に置いておくようにしているが、それでも、通るたびに気になって確認してしまう。休日も、別の活動をしながら、頭では仕事のことを考えている。

そんなハッセは、妻から働きすぎだと忠告され続けてきた。また、子どもたちが大きくなると、子どもたちからも、働きすぎだと注意された。

子どもには「自分たちや家族の生活への関心が欠けている。パパが近くにいる感じがしない」と指摘され、とても悲しくなった。子どもが反抗期を迎えた頃、ハッセは自分のライフスタイルを変えなければならないと思った。

現在ハッセは、平日は午後6時に帰宅する。夜もときどき仕事をするが、金曜日は午後4時に仕事を切り上げて、妻と一緒に過ごす。一緒に散歩することもあれば、ミュージアムやコンサートに出かけることもある。

だが、じつは、ハッセの妻も仕事が好きで、仕事をしすぎるタイプだと言う。現在は大学でコンサルタントの仕事をしている彼女もまた、ずっとフルタイムで働いてきた。

仕事人間のハッセは、妻がフルタイムで働くことについてはどう思っているのか尋ねてみた。もしかしたら、妻には家のことをしてほしいという気持ちがあるのだろうかと思って尋ねてみたのだが、まったく違う回答が返ってきた。

「僕が仕事を通じて社会貢献したいように、妻だって仕事をしたい。僕に自分が理想とする人生を追いかける権利があるのと同じように、妻にも自分が生きたいと思う人生を生きる権利がある。だから、**僕は、妻にも自分がしたいことをしてほしいと思ってる。僕は仕事をすることで、自分が好きになれる。妻にも仕事をして、ありたい自分でいてほしい**」

仕事を通じた社会貢献に喜びを感じるハッセは、妻にも仕事を通じて喜びを感じられる人生を送ってほしいと願っている。

じつは、夫婦揃って仕事が大好きで2人とも働きすぎてしまうというデンマーク人は、私が取材した人たちにはけっこう多かった。だが、それで、家事育児の分担について喧嘩しているかというと、必ずしも、そうではない。

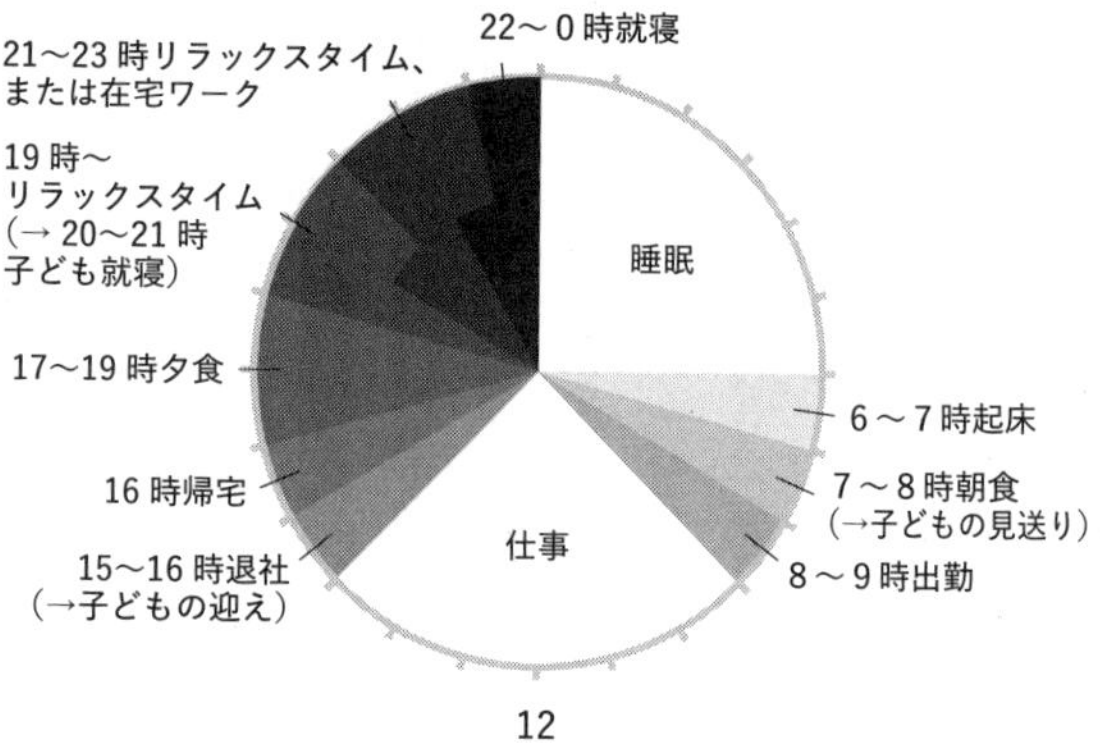

典型的なデンマーク人の１日のスケジュール

そこには、お互いの仕事へのリスペクトがある。また、自分が持っている権利と同じ権利を、パートナーも持つべきだという考えがある。

仕事はお金を稼ぐだけでなく、社会貢献を通じた自己実現でもある。パートナーにも、自分の人生を生きる権利がある。そう考えるからこその、夫婦共働きのフルタイムなのだ。

ポイント27 パートナーにも、自分が生きたいと思う人生を生きる権利がある

ゆるくてイイ！　ゆるいからイイ！

——カジュアル↓クリエイティビティ↓生産性の好循環

カジュアルさが生産性につながる理由

デンマークの職場はカジュアルだ。

おかげで、デンマーク人が「仕事」という言葉を使うとき、そこには重苦しさがない。

じつは、このカジュアルさが仕事の生産性にとって、とても重要なファクターなのだ。

巨匠建築家レム・コールハース率いるOMAが設計し、コペンハーゲンのウォーターフロントに2018年にオープンした複合施設「ブロックス（BLOX）」には、最先端のコワーキングスペース「ブロックスハブ（BLOXHUB）」が入っている。[xx]

「ブロックスハブ」は、世界のアーバン・サステナビリティを牽引するイノベーションハブでもある。会員になる条件は、何らかの形で都市のサステナビリティ推進事業に取り組んでいること。フリーランス、スタートアップ企業、世界的な大企業、そして大使館まで、さまざまな会員がいる。

会員になる魅力は、何よりも最新のサステナビリティ事業に関わる企業や個人とのネットワークをつくれることだ。会員はコペンハーゲンを拠点に、グローバルなサステナビリティ・ネットワークを構築できる。

では、最先端の「ブロックスハブ」とは、どんな場所なのか。

訪問してみると、明るく、カジュアルなオフィススペースが広がっている。オフィスというよりも、ラウンジという印象だ。それも、ホテルのロビーのような落ち着いたラウンジではなく、カフェのような軽い空気感のラウンジだ。流れている空気は「静」ではなくて「動」。ダイナミックな動きを感じさせてくれるスペースだ。

ミーティングスペースのデザインも奇抜で、椅子がブランコになっているブースもある。デスクも椅子もさまざまなデザインとカラーで、眺めているだけでインスピレーションが降ってきそうだ。

「ブロックスハブ」のチーフコミュニケーションオフィサーのアンブリットは、オフィスをぐるっと一周案内しながら、インテリアには意図的に「遊び」の要素を取り入れているのだと説明してくれた。

「**クリエイティブなアイデアは、フォーマルで堅苦しいオフィス空間からは生まれない。**解放された自由なマインドから生まれるもの」

コワーキングスペース「ブロックスハブ」では、オフィスを利用する人のマインドを解放させるために、遊び心のあるカジュアルな空間づくりを心がけ、動きを生み出すために、よくインテリアの模様替えをする。

また、社会課題解決の突破口は、分野の異なる多様なステイクホルダーのカジュアルな交流から生まれる。そういった考えから、ブロックスハブでは、多様なステークホルダーを招待し、朝食会やビンゴナイトまで、さまざまなイベントを開催している。

窓を開くと、外から新しい空気が入ってきて、室内の空気も動く。アンブリットは、そんなイメージを思い描いて、場づくりをしている。

たしかに、言われてみると、私たちがクリエイティビティを発揮できるのは、堅苦しい空間や、閉じた空間ではなく、カジュアルでゆるくて開放的な空間かもしれない。

さらに、彼女は付け加える。

「いいエネルギーを持って、いい流れのなかで仕事をしていると、思いがけず突破口が見つかる。いいアイデアが思い浮かんだり、いい解決策を思いついたりするのは、楽しんで仕事をしているとき。だから、**何よりも大切なのは、自分のなかのいいエネルギーの流れをキープすること。お互いのいいエネルギーが交わり合うことで、いい循環が生まれ、いいアイデアが生まれ、いい成果につながる**」

デンマークのコワーキングスペース「ブロックスハブ」の内観
（撮影：著者）

もしかしたら、仕事で成果を出すためには、時間や方法よりも、自分のいいエネルギーを保つことが重要なのかもしれない。

大切なのは、自分のなかにいいエネルギーを生み出し、そのエネルギーを保てる環境づくりをすることだ。あなたにとっていいエネルギーを感じられる空間とは、どんな空間だろうか。

今、思い浮かんだ空間が、きっとあなたの理想的なワークスペースだ。

ポイント28　カジュアルで開放的なワークスペースをつくる

襟は正さなくていい――形式・手続き・ルールは要らない

オフィス空間だけでなく、服装についても同じことが言える。

オーストラリア人のマットは、デンマークで働き始めたとき、服装のカジュアルさに驚いた。

日本人からすれば、オーストラリアもカジュアルなイメージがあるが、マットのコメントはこうだ。

「オーストラリアにいたときは、スーツを着てネクタイを締めてニュース局でアルバイトをしてた。でも、**デンマーク人はみんなカジュアルな格好で働いていて本当にビックリした**」

デンマーク人は基本的に必要のないムリをしない。非常にプラグマティックで、仕事に関しては、すべきことをきちんとすればスタイルや形式などには構わない。

ピアスやタトゥーをしている保育士も教師もたくさんいるし、男性はジーンズにワイシャツを着ていれば立派な「ビジネスマン」だ。

ネクタイをしている男性はほとんど見かけない。たまにスーツ姿でネクタイをしている男性を見かけると、思わず「今日は何の記念日なんだろう?」と振り返って見てしまう。

デンマークで暮らすのはラクだ。

パジャマみたいな格好をしていても、誰も何も言わないし、人目も気にならない。

みんながみんな自分にとって心地よい服装をして仕事をしている。それでも仕事は回っているし、むしろ、だからこそ、余計なことに気を遣わずに、いいエネルギーをキープして本来の仕事にフォーカスできるとも言える。

デンマーク人を見ていると、身なりを綺麗に整えたり、スーツでビシッと決めたりするのは、仕事の本質ではないのだと気がつかされる。

そもそも、仕事の目的は何か。それは結果を出すことである。

仕事をするうえで、形式・手続き・ルールは要らない。

もっと正確に言えば、多少の形式・手続き・ルールは必要であったとしても、仕事の本質に関係のない形式・手続き・ルールに縛られてしまってはいけない。

仕事の目的は成果を出すことであって、形式・手続き・ルールに従うことではないのだから。


それぞれが心地良いスタイルで働けばいい。

余計な形式・手続き・ルールは省いて、シンプルに目的に向かって動けばいい。

カジュアルなワーキングカルチャーがあると、余計なことを考えず、本来の「仕事」にフォーカスできる。

ポイント29 外見・形式・手続き・ルールより仕事の成果にフォーカスしよう

立ちながら仕事をする

デンマークの職場環境は、身体にもムリをかけない。

デンマークのオフィスを眺めると、すぐに気がつくことがある。

座って仕事をしている人もいれば、立って仕事をしている人もいるのだ。

サイズの合わないデスクでずっと仕事をするのは身体に良くない。デスクのサイズは合っていても、同じ姿勢で長時間ずっと仕事をし続けるのも身体に良くない。体型や状態に合わせてデスクの高さを調整できる「昇降式デスク」は、社員の身体を守るための必須アイテムである。


広々とした空間に昇降式デスクがゆったりと置かれたオフィスを眺めていると、働く人を大切にするデンマーク社会のあり方を感じずにはいられない。

そんな私も、今、昇降式デスクを使って、立ちながらこの原稿を書いている。

ポイント30 昇降式デスクで社員の健康を守る

「休む」から情熱をキープできる

ここまで読んでなんとなくおわかりいただけたと思うが、デンマークのカルチャーは「ムリを強《し》いないカルチャー」なのだ。社員の身体に負担をかけず、社員の心に負担をかけず、社員それぞれが心地よいと思うスタイルで働くことをヨシとする。

「社員が健康で元気に、ベストコンディションで仕事に取り組むことが生産性アップにつながる。**逆に、社員が疲れていたり、モチベーションが上がらない状態では、生産性なんて上がるわけがない**」

インタビュー取材した人は、みんな口を揃えて同じことを言っていた。

「努力」「根性」「我慢」。日本人がよく使うこういった言葉は、デンマーク人の口からは一切出てこない。

仕事に情熱を持って取り組めるように、あえて「休息」を組み込んで、継続的にいいエネルギーをキープする方が重要だと思っている。

「休息」を取り入れるからこそ、勝負時に全力でエネルギーを注ぎ込める。


建築家のソーレンは、コンペのメ切前には追い込んで仕事をする。ここぞという勝負時には、情熱を燃やし、コンペに勝つことだけを考えて、平日の夜も週末も仕事をする。

だが、その後は、余分に働いた分、しっかりと休んで自分の時間を取り戻す。

デンマーク社会では、余分に仕事した分を、後でしっかり休んで取り戻すのが一般常識だ。

だから、余分に働いた分だけ休ませてもらえるようにわざわざ上司や会社と交渉する必要はない。会社側も、社員が長時間働いた後は、自分で労働時間を短くするか休みを取るなどして調整するものだと思っている。

ソーレンは、働いた分だけ、あとで自分の時間を取り戻せるというのは、とても重要なことだと言う。

集中して仕事すべき期間が何週間にもわたって長く続く場合は、ときどき、意識的に休むようにしている。ソーレンはこう言う。

「どんなに情熱を持っているプロジェクトでも、何週間にもわたって夜も週末も取り組んでいたら、ずっと同じレベルの情熱をキープできない。僕の場合は、**ときどき休憩を入れることで、最後まで高いモチベーションをキープできる**」

ちょっとムリしたら、息抜きをする。ちょっと疲れたら、一息入れて回復させる。ムリや疲労がずっと続かないように「休み」を組み込むことで、エネルギーを途切らせずに、情熱的に仕事に取り組み続けることができる。

一時的に頑張っても、ムリに頑張り続けない。一時的に努力しても、ムリに努力し続けない。一時的に根性を見せても、ムリに根性でやり続けない。一時的に我慢しても、我慢し続けない。

少しムリしたなと思ったら、その分、休んだ方がいい。最高のパフォーマンスを発揮するために、高い生産性をキープするために、こまめに意識的に「休み」を取り入れる。

１日に、１週間に、１ヶ月に、１年間に、皆さんはどのくらいの「休み」を取っているだろうか。ちなみに、「休み」とは、決してベッドで寝込むことではない。喜びを感じられるプライベートタイムをしっかり持つことである。

家族・親戚・親しい友人を家に招待することでも、自家製パンを焼くことでも、ＤＩＹをすることでも、読書をすることでも、散歩や運動をすることでも、なんでもいい。

エネルギーが下がってきたなと思ったら、忙しくても、自分の心と身体が喜ぶ時間をつくってみよう。

ポイント31　エネルギーをキープするため、こまめに「休む」

寝る前にテレビを見てリラックス

大学で研究をしながら企業向けにＩＴサポートをするエリックも仕事が好きだ。仕事に関するテーマが気になって、フリータイムにも調べてしまうくらいだ。

だが、エリックは午後２～３時には仕事を切り上げ、子どもを保育園に迎えに行き、午後４時には帰宅する。午後５時半頃に夕食を食べ、子どもの就寝後にはテレビを見てリラックスする。

エリックにとって、テレビを見てリラックスする時間はとても大切だ。休むことでリセットできる。エリックはそれを「頭をゼロに戻す」と表現する。

１日の終わりに「頭をゼロに戻す」ことによって、翌日に再び仕事をするためのエネルギーを充電するのだ。

ポイント32　１日の終わりに「頭をゼロに戻す」

週休３日の効用――余白からアイデアが生まれる

フレックスタイム制は、ムリしたら休むというフローをつくるのに役立つ。長時間働いた翌日には早退する、大きなプロジェクトで忙しい時期が続いた後は連休を取るなど、フレキシブルに調整できる。

ネット環境整備の仕事をしているカーステンは、フレックスタイム制を大胆に活用している。カーステンは、会社と交渉して、週４日出勤にしてもらっている。つまり、月曜日から木曜日までの１日の労働時間を長くする代わりに、金土日は休んで週休３日にしてもらっているのだ。カーステンの説明はこうだ。

「**1日7時間労働というのは、僕にはちょっと短すぎる**。僕は以前の仕事の関係で、１日12時間くらい働くのに慣れているんだ。だから、僕の場合、１日の労働時間を長めにして、週休３日にさせてもらってる。この働き方がちょうど良くて気に入ってる」

こんな交渉を会社が受け入れてくれるのが驚きだ。

だが、たしかに、それが本人が最高のパフォーマンスを発揮できる働き方なのであれば、会社にとってはプラスなはずだ。

カーステンのように、ここまで大胆にフレックスタイム制を活用できれば、自分にとって最高にパフォーマンスが上がる画期的なワークスタイルを開発できそうだ。

カーステンのアイデアは、じつは理に適っているのかもしれない。

週休3日を企業やコミューン（市）に導入してきた「テイク・バック・タイム」のペニーレは、週休3日にした方が、生産性が上がり、仕事への満足度も高まるのだと主張する。

ペニーレはそのメカニズムについて、以下のように説明する。


「週休3日にして休日が1日増えると、脳が休まる。リラックスして、俯瞰して物事を見ら

れる。リフレッシュできて、仕事にエネルギーを投入する用意ができて、再び仕事に戻ったときに集中して仕事ができる」

実際に、ペニーレのアドバイスにしたがって週休３日を導入した会社の社長は、ペニーレにこう報告してくれた。

「（休日である）金曜日は、ぼくらの一番大切な日になっている。**ほかの日に解決できないことを金曜日に解決できるんだ**」

つまり、こういうことだ。

たとえば、犬や家族と一緒に森を散歩していると、ふと、行き詰まっていた問題の解決策を思いつくことがある。映画を観て、アイデアが閃《ひらめ》くことがある。

金曜日に仕事とはまったく関係のない別の活動をすることによって、気がついたら、仕事の突破口が開けているということだ。

「あなたもない？　シャワーを浴びてて何か閃くこと。**脳は休むことでクリエイティブになる。閃きが生まれる。**休むことで、新しい知識も入ってくる。休むことで、喜びを感じることもできる」

読者の皆さんも、何か心当たりがないだろうか。

とはいえ、いきなり週休3日というのは、思い切りが必要だ。それに、日本の会社がすんなりオーケーしてくれるはずもない。

週休3日には切り替えたくない会社もあるのではないかと尋ねてみると、ペニーレはこう回答してくれた。

「休みを取りたがらない会社もあるわ。そういう場合は、**金曜日に、ほかの働き方をしてみることを提案している**。たとえば、金曜日はインスピレーションを得る日にしたり、社員に自分が学びたいと思っている講座を受講してもらったり。週に1日、いつものルーテイーンとは違うことをしてみるといい」

ずっと通常業務をし続けるのではなく、週に1回は違うことをしてみる。そうすることで、普段の仕事を俯瞰して眺められる。

学んでみたかった新しいスキルを習得してみたら、より効率的な働き方や、新しい可能性にも出合えるかもしれない。

きっと、あなたも思い当たることがあるのではないだろうか。

目の前の仕事に追われて疲れ切っていると、やってもやっても仕事に追われている気がする。どん詰まりになって、解決策が見当たらなくなってしまう。そこで、少し別のタスクや活動をして視点をズラしてみると、思わぬ突破口が開けることがある。

どこか行き詰まりを感じたら、週に1回だけでも、自分の習慣を崩してみると良いかもしれない。

ポイント33 **週休3日を導入するか、週に1日は「いつもと違うこと」に取り組む**

日常にウォーキングを取り入れる

ちょっと脳を休めるために、散歩はとてもいい。

デンマーク人は、日常的にウォーキング、ジョギング、サイクリングなどをする。もちろん個人差はあるが、一般的に健康意識が高く、身体を動かすことを大切にしている。

身近な例を挙げると、デンマーク人の私の夫や義姉はしょっちゅう散歩に出かける。夫はアプリの開発をしているのだが、少し行き詰まりや疲労を感じると、すぐにデスクから離れる。

同じオフィスで仕事していると、しょっちゅう「散歩に行ってくる」「サンドイッチの具を買って来る」と言っては、オフィスの周りをぐるっと回ってくる。

そんなに外に出てよく仕事になるなと思うのだが、夫曰く、デスクに座っているよりも、外の新鮮な空気を吸って散歩した方が、良いアイデアを思いつくのだそうだ。

教育機関で成人向けに心理学を教えている義姉も、日常的に散歩を取り入れている。平日の夕方や週末に森の散歩に出かけることも多い。

身体を動かすためとか、ダイエットのためという目的もあるのだが、散歩しながらポッドキャストを聞いて、授業の内容やレポート作成のためのインプットもする。あるいは、ただブラブラと散歩しながら、考え事をすることもある。デンマーク人を見ていると、長時間デスクに向かっていることが「仕事」ではないのだなと思う。

むしろ、日常に余白をつくり、別の活動をすることによって、そこから得られたインスピレーションや知識・スキルを仕事に還元する。それが結果的に、仕事の成果を最大化してくれるのだ。

ポイント34 ウォーキングはインスピレーションのもと！

「長期休暇の取得は当たり前」な空気感――夏休みは3週間

デンマーク人のなかで、休息と仕事はワンセット。休息と仕事は、決して、対立し合うものではない。

休息なしで仕事なんてできるはずがない。仕事だけに向き合っていたら、疲れてしまって、生産的に働けるわけがない。

これが一般的なデンマーク人の認識だ。取材でも、みんなが口を揃えて、休まないと仕事はできないと言っていた。

だからこそ、だろうか。デンマーク人の夏休みは長い。

夏には、7月頃に約3週間の連休を取得するのが一般的だ。人によっては、会社と交渉して、1ヶ月あるいはそれ以上の連休を取得する。

おかげで、7月はさまざまな社会的機能が一時停止してしまう。かかりつけ医も夏休みを取得するので、7月にかかりつけ医に電話すると、自動応答で、緊急の場合には別の医者に連絡してほしいというメッセージが流れる。

7月は観光シーズンで稼ぎ時であるにもかかわらず、従業員が夏休みを取るため、閉店してしまうレストランもある。正直に言って、7月のデンマークは不便である。

だが、文句を言う人はいない。

誰もが連休を取る権利を持っている、とみんなが思っているからだ。

自分も長い夏休みを取る権利を持っているし、当然、他の人も長い夏休みを取る権利を持っている。そういう認識があるから、休みやすい。長い夏休みを取得することに、罪悪感を抱くこともない。

では、デンマーク人は夏休みに何をするのだろう。夏休みの間は仕事を忘れられるのだろうか。

インタビューで尋ねてみたところ、海外旅行に行く人が多かった。また、国内でサマーハウスに滞在したり、キャンプをする人も多い。あるいは、そのコンビネーションだ。休暇が３週間もあれば、色んなことができる。

３週間という長さについては、ちょうど良いと回答する人が大半だった。最初の数日はまだ頭の片隅で仕事のことを考えているが、バケーションに向かう飛行機や車に乗った瞬間に、一気に休暇モードに入る。そこからは仕事のことは一切忘れてバケーションを満喫し、仕事を再開する数日前頃から再び仕事のことを考え始める。

夏休み中はメールを「自動応答」に設定している人が多い。

7月にデンマーク人にメールをすると「ただいま休暇中です。○月○日に戻ります。緊急の場合は○○にご連絡ください」と、代行者の連絡先または自分の電話番号が書かれた自動応答メールが返ってくる。複数人にccをしてメールを送ると、みんなから自動応答メールがざざっと返ってくる。

デンマークでは、7月に仕事をしてはいけない。誰からも応答がなく、虚《むな》しくなるだけである。それならば、自分も休みを取った方がいい。

近年、私自身もそのことをよく学んで、7月は仕事をしないことにした。夏休み中に仕事の連絡をされることは、デンマーク人にとっては迷惑でしかない。

夏休みにたっぷり休暇を取ることで、エネルギーが充電されて、リフレッシュして仕事に復帰できる。仕事の生産性を上げるために日々の生活のなかで休息が必要なデンマーク人には、夏の長いバカンスが必要なのだ。

ちなみに、デンマーク人は職種にもよるが、年間合計で5～6週間の有給休暇を取得できるのが一般的だ。夏休み以外にも、秋休み（10月）・クリスマス休暇（年末年始）・冬休み（2月）・イースター休暇（3～4月）などがあり、そこにプラスして国民の祝日がちょこちょこある。

しかも、平日は午後4時に帰宅だ。

よくこんなに休んで仕事ができるなぁ、というのが私の正直な感想だ。だが、罪悪感を感じずに思いっきり休んでリフレッシュできるカルチャーは、とてもいいなと素直に思う。

ポイント35 「長期休暇は当たり前」な職場カルチャーをつくる

コラム COLUMN

翻訳家メッテホルムの「人生のバランス」

翻訳家メッテホルムは、驚くほど膨大な仕事量をこなすデンマーク人の一人だ。彼女のおかげで、デンマークには大勢の熱狂的な村上春樹ファンがいる。

村上春樹をはじめ、川上弘美、多和田葉子、東野圭吾、村田沙耶香など、日本文学をデンマークに紹介してきた人物だ。黒澤明や宮崎駿の映画作品のデンマーク語字幕も担当してきた。

これまでに彼女が翻訳してきた量は膨大で、彼女が訳した本だけで書店に立派なコーナーをつくれそうだ。実際、デンマークの書店には、メッテホルムが担当した本がずらりと平積みになっている。ブックフェアに足を運ぶと、これまた見事に彼女が訳した本が圧巻の存在感を放っている。

しかも、翻訳のクオリティが素晴らしい。小説の世界観や登場人物のキャラに合わせて文体を変えるので、デンマーク語で読んでも、原作の世界観がそのまま表現されている。私が最初にメッテホルムの翻訳を読んだとき、魂が震えた。メッテホルムの翻訳はマジックだ。

だが、彼女のインスタグラムの投稿は、子どもや友人とゆったり食事を楽しむ様子、森を散歩する様子、ジョギングの記録、彼女自身が登壇する講演会の様子、日本旅行やギリシャ旅行の様子など。なかには翻訳中のデスクまわりの投稿もあるが、それにしても、あれだけ膨大な翻訳をいつどこでしているのだろうと不思議になる。

そこで、ご本人にインタビューで質問をしてみたのだが、いくら聞いても、はっきりと謎が解けない。やっぱりこの人は「超人」なのではないか。

しかし、それでは、どうしようもないので、彼女との会話やインタビューから得られたヒントを読者の皆さんとシェアしたい。


子どもが小さかった頃の彼女のルーティーンはこんな感じだ。

朝早く子どもを保育施設や学校に送り出して、7時半頃から午後3時頃まで仕事。3時になると子どもを迎えに行き、その後は買い物・掃除・夕食づくりなど。子どもと過ごしながらも、忙しいときは夕方にも仕事をする。さらに、子どもが就寝後、2時間程度、仕事をする。

きっと、子どもたちは今も、夕暮れ時に彼女がパソコンのキーボードを叩いていた音を覚えているだろうと言う。

彼女は翻訳の仕事を心から愛している。それでも、家族や友人と過ごす時間もとても大切で、どちらも欠かせない。家族も仕事も両方とも大事で、大事なのは全体性であり、人生のバランスだと指摘する。

今、彼女のルーティーンには、散歩やヨガが入っている。ヨガに通ったり、一人きりで何時間も散歩したりする時間があるからこそ、翻訳の仕事に取り組み続けることができる。逆に、ヨガや散歩なしには、仕事はできないと言う。仕事と休息はワンセットなのだ。

パートナーとの離婚が働き方を変えた

ところで、面白い話をしてくれた。

じつは、これだけの翻訳をこなせてきたのは、離婚したからではないかというのだ。

デンマークでは、離婚した場合、共同親権を持つことができる。そのため、別居した父親と母親が1~2週間ずつ交替で子どものお世話をするケースが多い。

メッテホルムは、自分が子どもの世話をする週には仕事量を減らし、元パートナーが子どもの世話をしてくれる週には思いきり仕事するというサイクルを繰り返してきた。このサイクルがあったからこそ、計画を立てて仕事に取り組みやすかった。離婚による元パートナーとの別居生活は、仕事をするうえではちょうど良かったのだ。

もし子どもと夫とずっと一緒だったら、そこまで仕事ができなかったのではないか、と彼女は率直に話してくれる。

だが、素敵なのは、決して冷え切った離婚ではないところだ。

毎年、彼女は長女の誕生日を、実の父親と育ての父親である「２人の父親」を招待して祝う。

彼女は、生き方も、家族の形も、自分で選んでいる。上手く回っているのは、彼女が全力で子どもも仕事も元パートナーも大切にしてきたからなのだろう。

メッテホルムの話を聞いていると、もっと自由に自分の生き方をつくり出しても良いのだと思えてくる。

ポイント36　自分の生き方は自分で選ぶ――人生にはバランスが大事

第3章

生産性を生む「人間関係」

——信頼ベースで任せる、任される

The Kingdom of Denmark

さて、今度はデンマーク人の「人間関係」について述べていこう。

「人間関係」をテーマにしたこの第3章が、本書の肝である。

つまり、デンマークの組織が効率良く機能し、高い生産性を生み出せるカギは「人間関係」にある。

本章では、高い生産性を生み出すためのマインドやマネジメント方法、上司の役割、組織をパワフルに稼働させるための秘訣をシェアする。

斬新なマネジメント方法と人間関係のあり方に衝撃を受けるかもしれない。だが、上手く応用できたら、出社するモチベーションが高まったり、アウトプットが変わってくるはずだ。

成果を楽しみに、国際競争力ナンバーワンのデンマーク人の「人間関係」を読み解いていこう。

「失敗してもいい」から挑戦できる
——信頼に基づく「マクロマネジメント」

石橋を「造りながら」渡る

空間的なゆるさ、時間的なゆるさだけでなく、デンマーク人は物事に向かう「態度」がゆるい。どういうことか。

日本人は石橋を叩いて渡る。目的地に辿り着くために、用意周到に準備し、完璧をめざす。だからこそ、JAPANブランドはクオリティが高い。

デンマーク人は、13年以上暮らした私の印象では、石橋を「造りながら」渡る。

目的地がぼんやり見えてきたら、橋もないのに、とりあえず目的地に向かって進み始める。そのうえで橋が必要だと思ったら、色んな橋の造り方を試してみて（場合によっては橋から落ちてみて）上手くいきそうな方法を見つけたら、一気に本格始動させる。

だから、上手くいかなくて、逆戻りすることもしょっちゅうで、そのプロセスには「無駄」もある。だが、この「軽さ」はデンマークの強みでもある。

実際、世の中はなんでも、やってみないとわからないことだらけである。だから、始める前の準備に時間を費やすのであれば、実際に小さな規模でもやってみた方が、感覚が掴みやすい。

デンマーク人は小さな頃から、親が試行錯誤してＤＩＹに取り組んでいる様子を見たり、スペルミスなどは気にしないでとにかく文字を書いてみようという教育を受けたりしているうちに、自然にフットワークの軽さを身につけるのかもしれない。

第１章でも述べたように、デンマークの高い国際競争力は「先見の明」と「変化に柔軟に対応する力」に支えられている。未来の変化を予測し、そこに向けて動き出せるのは、何も整っていなくても、とりあえず始める「軽さ」があるからだ。

ポイント37 とりあえず目的に向かって第一歩を踏み出そう

「決定」したプランに固執しない

労働組合関連の組織を中心に管理職を歴任し、現在は組織のトップを務めるケネットは、デンマーク人の仕事の進め方についてわかりやすく解説してくれた。

「**僕らはプランを立てても、状況に応じてプランをどんどん変えていく**。『ここに向かいたい。これを達成したい』と思ったら、とりあえず始める。それで、試行錯誤して実践しながら、色んなことを学んでいく。途中で目標設定そのものが違うと気がついたら、目標そのものを変更することもある。

こういうやり方はとてもデンマークっぽいと思う。**僕らは物事を決めても、その決定に固執はしない**。途中でやり方を変えた方がいいと思えば、変えるんだ」

ケネットの説明は、デンマーク人の物事に対する基本的な姿勢を的確に表している。デンマーク人は「初志貫徹」「決めたことはする」「プランどおりに」とか、そういう生《き》真面目さを持ち合わせていない。

本人たちは大いに真面目に働いているつもりなのだが、決めたことやルールに従うことが正しいとは思っていない。状況に合わせて柔軟に判断を変える。場合によっては、目的もルールも変えてしまう。

逆に、状況が変わっているのに、当初決めた決定やルールを守ることに徹していたら「もう状況は変わってる。そんなことにこだわってないで、仕事を前に進めよう」とデンマーク人に言われてしまいそうだ。

プランは絶対ではなく、常に変わる可能性があるということを、最初から想定しているのである。

ただ、疑問が湧いてくる。

しょっちゅうプランが変更になるのは、ストレスにならないのだろうか。

その疑問に対して、大学に勤務し、企業向けにＩＴサポートをしているエリックは、こう回答してくれた。

「僕らは予定の変更に慣れてるんだと思う。小学校でも、時間割がしっかり決まっているわけじゃない。一応の時間割はあっても、状況に応じて、しょっちゅう変更になる。だから、僕らは、**予定はあくまでも予定であって、変わる可能性があると思ってる**」

プランはざっくり立てて、状況に合わせてどんどん軌道修正していけばいい。これが国際競争力ナンバーワンのデンマーク人の基本スタンスだ。

ポイント38 プランは「変更になるもの」だと思っておく

「意図的に」プランを練り直す

プランは状況に合わせて軌道修正していく。

しかし、それは、無計画とか、その場しのぎの判断などとは本質的に異なる。やってみて試行錯誤して、状況を的確に判断したうえで、長期的なプランを練り直すのだ。単なる無計画ではない。

たとえば、エリックはプランを立てて仕事に取り組む。そこに緊急性の高い仕事が入ってきた場合は、プランを組み直す。

また、上司・同僚・部下と何か話したいことがあるときには、ミーティングの時間を予約する。自分にも相手にも、1日の仕事のプランがある。だから、相手のペースを乱さないように配慮するのだ。

プランを変更することと、無計画でその場の状況に流されて動くことは違う。どんなに変更になっても、やはりプランは必要だ。

電気技師として教育を受け、長年、工場などで働き、機械関連の仕事に関わってきたイエンスは、基本的に職場環境に恵まれてきた。だが、たまに上手く回っていない職場もあると言う。

「上手く回っていなかった職場では、日ごとに当日の仕事内容を知らされていた。出勤してから、その場でタスクを知らされるうえに、上司が常に指示を出してくる。そんな環境では、**プランも立てられないし、主体的に働いているという感覚も持てない**」

無計画に振り回されるのはストレスになる。たとえ変更されることはあっても、やはりプランは必要なのだ。

イェンスにとって、良い職場とは、一人ひとりの社員が自立して自分で仕事のプランを立て、自由に働ける職場である。

プランは立てた方がいい。だが、プランに縛られない方がいい。プランは状況に応じて組み替えていくものなのだ。

ポイント39 無計画はNG。臨機応変に「プランを組み直す」

「僕らは誰でも失敗する」

一般的に、デンマーク人がフットワーク軽く物事に取り組めるのは、「失敗」に寛容な環境があるからだ。

デンマーク人へのインタビューを通じて、日本との大きな違いを感じたのは、じつは「失敗」に対する考え方だった。

とくに、リーダーの立場にいる人が部下の失敗に寛容だからこそ、社員は失敗を恐れずに、安心して自分が思う最適解を信じて動くことができる。

どんなプロジェクトにも、どんな社員にも、失敗は付きものだ。

組織のトップとして部下をまとめるヘリーネは、部下が失敗することについては、一切心配していない。ヘリーネの説明はこうだ。

「部下がミスや失敗をすることは、一切恐れてないわ。誰でも、ときどきミスをしたり失敗をしたりするのは当たり前だから。部下が失敗を報告してくることもあるし、私が部下のミスに気がついてしまうこともある。だけど、**私はいつも、部下が意図的にやったことではないということはわかってる。だから、怒ることはない**」

部下の失敗によるトラブルが発覚すると、ヘリーネは部下と一緒に問題解決にあたる。解決が困難なほど大きなトラブルが発生してしまったときには、状況を受け入れて、その状況のなかでできる最大限の努力をする。

しかし、トラブルを起こしてしまった部下を責めることはない。同じようなトラブルの発生を避けるためにはどうしたら良いかを部下と一緒に話し合うだけだ。

複数の大企業で薬の製造に関わってきたヴィンセントは、失敗を責めない環境があることはとても重要だと指摘する。

薬の製造プロセスでは、ミスやトラブルの報告をすることは、とても重要だ。報告しなければ、患者にとっても会社にとっても、致命傷になる。何も隠してはいけない。

しかし、ヴィンセントは職場でミスやトラブルを起こしてはいけないというプレッシャーは感じないと言う。全力で仕事に取り組んで、それでもミスやトラブルが起こってしまったら、上司や同僚に報告すればいい。そうすれば、みんなで解決策を考えられる。

「**職場はとても寛容で、ミスや失敗を受け入れてくれる土壌がある。**僕らは誰でも失敗することがあるのだから」

ポイント40 失敗は当たり前！　リーダーは失敗に寛容になる

ポイント41 失敗したら報告→みんなで解決策を考える

承認や確認そのものは、仕事の本質ではない

失敗に寛容なデンマークの職場では、マイクロマネジメントをしない。つまり、上司が

部下の仕事をいちいち細かくチェックすることはない。上司は部下を信頼して仕事を任せるのだ。

デンマークの職場の最大の特徴は「信頼」に基づいたマクロマネジメントだ。

じつは、まったくの無意識かもしれないが、日本の多くの組織が「不信」をベースにしたマイクロマネジメントになっている。相手に対する不信と、自分に対する不信をベースにしたマイクロマネジメントである。

たとえば、上司が部下に逐一進捗状況の報告を求める。または、部下が上司に逐一承認を求める。こういった細やかなコミュニケーションは、一見すると安心感を生み出し、信頼関係を育《はぐく》んでいるように見える。もちろん、そういった面もたしかにある。

だが、本当の意味での「信頼」があれば、細かい確認や承認をし合うコミュニケーションそのものが不要であることに気がつかないだろうか。

上司が部下を本当に信頼していれば、上司は「○○はどうなってる？　△△は？　××は大丈夫か？」と逐一確認する必要はない。

部下も、自分自身の判断を信頼できれば、あるいは、上司が自分の判断を信頼してくれていると感じられれば、細かいことまで「○○はこれで良いでしょうか?」と上司に確認する必要がない。

こう考えると、細かい確認作業や承認作業は、じつは相手や自分への不信から来ていると言えないだろうか。上司と部下に本当に信頼関係があったら、細かい確認や承認は不要なはずだ。

「○○さんだったら大丈夫」そう感じられるのが、本当の信頼ではないだろうか。

それに、よく考えると、「承認」や「確認」は、仕事を進めるためのひとつのコミュニケーション形態にすぎない。承認や確認そのものは、仕事の本質ではない。

だが、気がつくと、私たちは、上司の顔色をうかがい、実際に仕事を進めるよりも「上司に承認される」ことにフォーカスしてしまっていないだろうか。部下に仕事を進めてもらうよりも、部下を「コントロールする」ことに時間とエネルギーを費やしてしまっていないだろうか。

仕事の効率化のカギは「信頼に基づいた円滑なコミュニケーション」である。

そして、円滑なコミュニケーションは「相手を信じる力」と「自分を信じる力」に支えられている。

ポイント42 マイクロマネジメントはＮＧ！　部下を信じて任せる

マクロマネジメントは「タイパ」になる——上司・部下ともにラク

では、実際にデンマークの職場で働いている社員は、マクロマネジメントをどう感じているのだろうか。参考までに、数人の声を紹介しよう。

「僕らは仕事を任されていて、自分たちで職場を動かしている感覚を持っている。**上司にいちいち確認せずに、自分たちで色んな判断ができる**。商品の生産工程に関わる中国人の働き方を見ていると、マネジメントの仕方が全然違うと感じる。中国人のスタッフは自分たちでは判断ができなくて、物事を決定するのは常に上司だ」（ヴィンセント）

「信頼ベースで成り立ってて、マイクロマネジメントをしないのは、デンマークのどこの会社にも共通してると思う。僕はそんなデンマークのワーキングカルチャーが好き。**上司が毎日『どうなってる？』なんて確認してくるような環境だったら、とてもストレスになる**と思うよ。

ただ、たまに困ることもある。難しい状況に陥っているときに上司に相談したら、『君にはできるはずだ』と言われて、どうしようかと思ったよ（笑）。でも、基本的には、細かい管理をしないデンマークのマネジメント方法の方がメリットは大きいと思う」（マット）

「僕が働いていた工場では、自分たちで仕事のプランを決められた。**それぞれの社員が、自分の得意分野を活かして働いていたよ**。たとえば、パソコンができてプランを立てるのが得意な人はプランを立てる役割を担って、材料を見つけるのが得意な人は材料を入手する役割を担って、という感じで。それぞれが自分の得意を活かして自由に働けるのは、とても気持ちがいい。

もし自分のしていることを誰かにいちいちチェックされていたら、とてもストレスになるはずだ。良い職場というのは、お互いに適度な距離感をとって働ける職場だと思う」（イェンス）

実際にマクロマネジメントの会社で働いている社員の声はポジティブだ。

では、上司の方は、部下の細かい管理をしないことについて、どう思っているのだろうか。

尋ねてみたところ、組織のトップであるヘリーネから面白い回答が返ってきた。ヘリーネは、そもそも自分にはマイクロマネジメントをするほどの時間的余裕がないのだと言う。

「そもそも、私にはみんなの仕事をいちいち確認してる暇なんてない。だから、部下を信じて任せる必要がある」

彼女の回答は、午後4時には帰宅する上司の、とてもリアルな声である。

たしかに「タイパ」の視点から見ても、部下を細かく管理するのは時間コストがかかる。細かい管理はせずに、部下を信じて仕事を任せ、上司はフォローアップに回った方が「タイパ」がいい。

「部下がいちいち私のゴーサインを待ってたら、それだけで時間がかかっちゃう。みんなが自立して働いた方が効率がいい」

マクロマネジメントの方が上司の「タイパ」につながる。

ヘリーネのように、上司が早めに帰宅すると決めてしまえば、部下の細かい管理などする暇がなくなって、自然にマクロマネジメントになっていくかもしれない。

ポイント43 **マクロマネジメントの方が部下は「気がラク」**

ポイント44 タイパのためにも、部下に任せる！

青信号を進め！

こんな様子なので、デンマークの職場は、デフォルトが「青信号」だ。上司の顔には「青信号を進め！」と書いてある。

部下がいちいち上司の指示を仰いだり、上司の反応を確認することはない。

市の職員を統括しているハッセも、マクロマネジメントの方が効率的だと指摘する。

何かわからないことや迷うことがあれば、いつでも部下の相談を受ける用意はできている。だが、ハッセはいつも部下にこう言っている。

「（部下が僕に）許可を求めるより、（僕が部下の失敗を）許可した方がいい」

つまり、上司に事前に確認するよりも、たとえ失敗しても、部下がベストだと思う方法でやってみた方がいいということだ。部下がベストだと思ってやってみて失敗した結果であれば、ハッセには、その失敗を受け入れる準備ができている。

ハッセと部下の会話はこんな具合になる。

部下「〜しても良いですか？」

ハッセ「それがベストだと思うならやってみなさい。自分がベストだと思う選択をすればいい。**もし上手くいかなかったら、報告してほしい**。そのときは、一緒に改善策を話し合おう」

あなたに、こんな上司がいたらどう感じるだろうか。

上司の顔には常に「青信号を進め！」と書いてある。それだったら、どれだけ混みあった横断歩道でも、胸を張って渡れるのではないだろうか。

ポイント45　青信号を進む！　青信号を進ませる！

デンマーク人の上司はホントに怒らないのか？

ここで疑問も出てくる。

いくら信頼関係で成り立っていると言っても、部下が期待外れな行動をしたらどうするのだろうか。「任せる」スタンスで、問題行為を放置していいのだろうか。

部下を叱ることはないが、問題点を指摘して直してもらうことは当然ある。

ヘリーネは、働き始めたばかりの新人スタッフに、大イベント開催日の前日に「家族と旅行に行くからイベントには参加できない」と言われた。社員みんなで準備してきた大きなアートイベントだった。

「そのとき、それはダメだと伝えたわ。そういうことは、もっと事前に伝えてもらわないといけない。だけど、彼は新人スタッフだったから、状況をよく理解してなかった。だから、**私は彼に、なぜイベントに参加する必要があるのか、参加できない場合はなぜ事前に伝える必要があるのかを説明した**」

ヘリーネが部下に注意するときは、言い方をちゃんと考えるようにしている。だが、自分の意見はストレートに伝える。

市の管理職をしているハッセも、基本的に、部下を叱ることはない。だが、怠惰で、真面目に仕事をしない職員には怒ることもある。

たとえば、仕事中にスマホばかりいじっているスタッフがいるとする。ハッセは「仕事中はスマホを見ないように」と注意する。何度言っても聞かない場合、ハッセはその職員を呼び出して面談をする。

しかし、デンマークでも、思わず上司が部下に声を荒らげて怒ってしまうこともゼロではないようだ。イェンスは、上司に怒られた体験について語ってくれた。

工場で働いていた頃、重要な機械が故障してしまい、その修復にあたっていた。その機械が1時間停止してしまうと、損失額は多額だった。上司は顔を真っ赤にしてイェンスを怒った。

だが、後になって、上司はイェンスのところに謝りに来たそうだ。自分は間違ったことをした、感情的に怒ってしまった自分を許してくれと。

イェンスは上司からの謝罪を受け、上司を受け入れることができた。上司もまた失敗をする人間なのだ。

ポイント46　問題行動はストレートに注意する

ポイント47　失敗を認めて、部下にも謝る！

コラム COLUMN

教育現場もマクロマネジメント!?

フォーブスジャパンから発行された『WORK MILL』（2023年発行）の記事執筆のために取材に行ったときのことだ。マガジンのテーマは北欧のワーキングカルチャーだったが、教育機関もいくつか訪問した。そこで私は大きな発見をすることになった。

デンマークのワーキングカルチャーのルーツは「教育」にあると確信したのだ。

数々の優秀なリーダーを輩出する有名大学「デザインスクール・コリング」の校長リーネ・タンゴーが話してくれたことが忘れられない。大学には、国内外から優秀な学生が入学する。だが、外国から来た学生には、最初に教えなければならないことがあると言う。

「外国から来た学生にまず私たちが教えなければならないことは、『**あなたは自由な存在である**』ということなんです」

どういうことかと聞いてみると、外国から来た学生は、教員の「指示」を待つ傾向があるのだそうだ。だが、いくら待っても、指示など来ない。指示を待っていると、永遠に待つことになってしまう。

デンマークの学生は、指示を待たずに自分でプロジェクトを進める。そして、何か質問があれば、教員に遠慮なく聞く。

「外国から来た学生は、自分たちは自由であるということ、わからないことがあれば教員に質問をして良いのだということを理解しなければなりません」

こう聞くと、デンマークの教師と生徒の関係は、デンマークの上司と部下の関係に通じるものがありそうだ。どうだろう。デンマークでは、教育機関も「マクロマネジメント」で教育しているとはいえないだろうか。

「失敗のプロセス」も評価対象に

学生エミリーは、デンマークの学校のカルチャーの寛容さに驚いた。アメリカの高校と大学を卒業してからデンマークの「デザインスクール・コリング」に入学したエミリーは、今、デンマークの「寛容な学習環境」のなかで自分の可能性を開拓できている。

デンマークでは、プロジェクトの結果だけでなく、失敗のプロセスも含めた全過程を評価対象にする。

プレゼンテーションでは、何を目的としてプロジェクトに取り組み、どんなプロセスを経て、(失敗を含めて)どんな学びがあり、その学びをどう活かしたかを説明する。

失敗することは決して悪いことではなく、そこから何を学んでどう活かしたかの方が重要になる。

「アメリカにいたときは、常に成果を求められている感じで、失敗できる隙がなかったんです。だから、無難に、評価されそうな作品をつくって提出していました。スキルは身についたのですが、自分を探究したり、新しいことを試して実験したりすることができませんでした。

でも、デンマークに来て、**失敗もプロセスとして認めてくれる環境のなかで、やってみたかった色んなことを試せるようになりました。**やっと、眠っていたクリエイティビティが目覚めて、自分の可能性を開拓できているような気がするのです」

エミリーは、デンマークでの大学生活で、自分のなかに眠っていた「創造性」に出合えたようだ。失敗できる環境のなかで、本当にやりたいことを追求し、試行錯誤を繰り返して人は伸びていく。

ポイント48　人を伸ばすのは「失敗できる環境」

上下関係のないフラットな職場
――上司は部下のファシリテーター

いつでも相談に乗る

ここまで読んで気がついた人も多いと思うが、デンマークの上司と部下の関係は、日本の一般的な上司と部下の関係とは様子がずいぶんと異なる。

一般的に、デンマークの組織には、ヒエラルキーがない。

もっと正確にいえば、ヒエラルキーは存在するが、トップダウンの一方的な関係性にはなっていない。役職は「地位」というよりも、実質的な「役割」を意味し、上司と部下の間にはフラットな双方向のコミュニケーションがある。

実際の業務を主体的に動かすのは部下で、上司は部下のファシリテーターとしての役割を果たす。

現在、約20人の組織のリーダーを務めるケネットは、部下を「各分野のエキスパート」と認識している。たとえば、会計の部署は、会計のエキスパートで成り立っていて、ITの部署はITのエキスパートで成り立っているという認識だ。

「**各分野のスペシャリストは彼らであって、僕じゃない**。だから、彼らが進めやすい方法で仕事をすればいい。僕はいつも部下に『僕は馬鹿で、デキるのは君たちなんだ』と伝えてる」

もちろん、ケネットはそう言っているだけで、優秀なリーダーだ。ただ、各業務に関しては、部下の方がよくわかっているから、部下が最善だと思う仕事の進め方をすれば良いと思っている。

ケネットのマネジメント方法も、マイクロマネジメントではなく、マクロマネジメントだ。

各部署は自分たちでプランを立て、上司であるケネットにプランの報告をする。ケネットは各部署のプランを把握し、全体の進捗は眺めるが、各業務に介入することはない。

だが、各部署からトラブルの報告や相談があった場合には、喜んで相談に乗る。

オフィスでインタビュー取材中、ケネットはガラス張りの書斎のドアを指差して言った。

「今は君のインタビューに答えてるから、このドアを閉めてるけど。**普段はドアを開けてるんだよ**。社員がいつでも相談に来れるようにね」

ケネットは毎日、約20人の社員全員とちょっとした会話をする。おかげで、社員がケネットに気軽に話しかけやすい空気ができている。

仕事は各部署に任せているが、何かあったときはいつでも相談に乗る。部下がすべきタスクが多すぎて困っているときは、優先順位を示す。部下と顧客との間にトラブルがあれば、自分が謝罪して問題解決にあたる。

そういったマネジメント方法は、自分でコントロールできなくてストレスにならないのかと尋ねてみたが、まったくストレスにならないし、むしろ、とてもリラックスしてマネジメントできていると言う。

ただ、重要なことは、問題があるときに、部下が現状を包み隠さずに報告してくれることだと指摘する。報告を受けなければ対応のしようがない。だが、報告を受ければ、一緒に解決策を考えられるからだ。

リーダーという役割を愛するケネットには、良きリーダーのあり方についての哲学がある。常に、リーダーのあり方を考え、アイデアを思いついては、実践して試行錯誤してきた。

その関心の矛先《ほこさき》は、ステータスではなく、部下のコントロールでもない。部下と同じ目線に立って、みんながお互いに良い関係を築いてスムーズに仕事ができるように、職場に良いカルチャーを生み出すことだ。

そのため、ケネットは社員にアンケートの実施をするほか、３ヶ月ごとに社員とのワンオンワンミーティングを実施している。そして、夏にはみんなで日帰りトリップを楽しむ。

ポイント49 部下が話しかけやすい姿勢で待つ

会社における「自分の役割」に気づかせる

上司の役割は、部下のファシリテートをすることである。

では、ファシリテートをするうえで、重要なことは何なのだろうか。

テレビ業界で中間管理職を歴任してきたカトリーネは、リーダーが果たすべき重要な役割は、大きな文脈のなかで、社員に自分の果たすべき役割を理解させることだと指摘する。

一人ひとりの社員は、大きな文脈のなかで「自分の役割」を理解し、「自分は役立っている」と実感できたときに、組織における自分の存在意義を感じることができる。そして、仕事にやりがいを感じて、主体的に動けるようになる。

彼女の指摘は、深い。

私たちは目の前のタスクをこなすことが「仕事」であると錯覚しがちだ。だが、それよりも、一人ひとりの社員が、大きな文脈における「自分の役割」を理解して動けるようになった方が、組織の機動力は高まる。

それぞれの社員が全体のなかでの「自分の役割」を理解することで、近視眼的に目の前のタスクをこなすだけでは生まれない、もっとダイナミックな「効率」が生まれる。

「もし小さな文脈でしか自分の仕事を理解していなくて、**自分の仕事がAさんにどう影響しているのか、Bさんにどう影響しているのか、会社の組織全体にどう影響しているのか、どうつながっているのかを理解していなかったら、それぞれの社員がどんなに仕事をしても、全体としては非効率になってしまう**」

「仕事のつながり」を理解することで、仕事へのやりがいが感じられるようになる。そして、それぞれの社員が全体の相互作用のなかで自分が果たすべき役割を理解すると、組織全体の仕事効率がアップする。

カトリーネは、上司として、部下の意見に耳を傾けるようにしてきた。部下が与えられたタスクの意味を理解できるように、部下と対話をすることはとても大切だと言う。


「もし部下の意見を聞かなかったら、部下は『自分は認められていない』と感じてしまう。

誰でも、自分が取り組んだ仕事を誰も認めてくれなかったり、誰も気がついてくれなかったら、『もうこんな仕事、どうでもいい！』っていう気持ちになってしまう。そんな気持ちで仕事に取り組んで、成果を出せるわけがない」


部下がやりがいを感じて主体的に仕事に取り組めるためには、部下を認め、部下の意見に耳を傾ける必要がある。

とくに、今のデンマークの若い世代は、仕事の「意味」を問う世代である。彼らとの信頼関係を築くためには、彼らが実現したいことや、彼らの意見に耳を傾ける必要がある。

ポイント50 上司は部下に「自分の役割」に気づかせる

目的を達成する手段はなんでもいい――メソッドフリー

カトリーネも、マクロマネジメントである。部下を信頼し、部下の仕事の細かい管理はしない。部下には「あなたにはできると思う」と伝える。そして、仕事の仕方は、部下に任せる。

仕事ができれば、そのやり方はなんでもいい。具体的な仕事の仕方については指示しない。人それぞれやりやすい方法は違うからだ。

メソッドフリーで、部下が自分でやりやすい仕事の進め方をすればいい。新人スタッフが働き始めると、カトリーネはこんな声がけをする。

「ゆっくり落ち着いて、自分のペースで、自分のやり方で取り組めばいいから」

ところで、メソッドフリーと聞いて、あなたはどう感じるだろうか。

自由に仕事ができて嬉しいと感じるだろうか。それとも、マニュアルがないと、逆に仕事をするのが難しい、と感じるだろうか。

香港で組織のトップとして働いた経験があるスティーンの話が印象的だった。

「香港で働いていたとき、香港の部下には、具体的に仕事内容とやり方を示す必要があった。**香港では、部下は上司の細かい指示に従うのが普通だから、部下は僕に具体的な指示を出してほしいと言っていた**。具体的な指示を出さないと、仕事がしにくかったみたいだ」

香港の人のこの傾向は、日本人と似ているのではないだろうか。

具体的な指示を出されることに慣れているから、具体的な指示を出されないと、どのように仕事を進めるべきか困ってしまう。

ざっくりとしたタスクのみを与えられて、どうやって取り組んで良いか戸惑う姿は、容易に想像ができる。

では、デンマーク人はなぜ上司の指示がなくても動けるのだろうか。その理由を辿ると、どうやら根っこには「教育」がありそうだ。

「僕らは自分で考えることに慣れてるんだ。小さな頃から自分でプランを立てて、自分の体験と知識を総動員して、自分で問題解決してきたから」

香港や日本では、勉強とは、知識の習得を意味することが多い。試験では、知識の習得レベルをチェックする。

それに対して、デンマークの教育では、知識の習得よりも、知識を活用できる力が求められる。知識そのものよりも、知識をどのように活用できるのか、その応用力が問われるのだ。

自分の頭で考えることに慣れているデンマーク人には、メソッドフリーのスタイルが合っているのだ。

ポイント51 メソッドはいらない。部下がやりやすい方法で仕事をさせる

ポイント52 求められるのは、知識よりも応用力

目的や意味がなければ、部下から質問攻めにあう

デンマーク人の部下は、自分で考える力があるからこそ、上司の指示を鵜呑《うの》みにしない。ちょっと想像しにくいかもしれないが、デンマークでは、部下が上司の指示に従わないこともしょっちゅうだ。そして、上司もそれで良いと思っている。

ケネットは、部下に仕事を断られることもある。部下は、上司の指示であっても、やる意味が見出せないタスクはしないからだ。

「僕が新しいプロジェクトの提案をすると、**部下が最初に質問することは『それ、何のためにするのですか?』だよ。**僕がちゃんとプロジェクトの目的や意味を説明できなければ、すぐに質問攻撃にあう」

デンマークの職場では、お互いに「なんで?」と質問し合うカルチャーが根づいている。部下は上司の指示にただ従うのではなく、指示されたタスクは、本当にやる意味があるのかどうかを判断する。そのために、上司は部下に、なぜそのタスクをする必要があるのかを納得してもらわないといけない。

日本の上下関係のなかで、上司に「そのタスクは何のためにするのですか?」と質問をするのはだいぶ勇気が入りそうだ。だが、「何のために?」と質問し合って無意味なタスクをなくすことは、仕事の効率化につながる。

「テイク・バック・タイム」のペニーレが、面白い話を聞かせてくれた。

デンマークの大手ハンバーガーチェーン店「サンセット」の社長が、「なぜ?」と質問し合うカルチャーを社内に定着させたのである。そして、「なぜ？」と質問し合うカルチャーは、今では会社の生産性アップのためのパワフルなツールになっているのだそうだ。

なぜそのタスクをする必要があるのか。なぜその方法でする必要があるのか。なぜ複数人でそのタスクに取り組む必要があるのか。なぜその時間に家に帰ってはいけないのか。ちょっとしたことに対しても「なぜ」「何のために」と一度問い直すことで、無意味なタスクを減らすことができる。

デンマーク人の上司は、部下に「何のために？」と尋ねられても気分を害さない。むしろ、質問するということは、部下が仕事に関心を持って、自分の頭で考えようとしている証拠であると捉える。だから、自分の指示に対する部下からの疑問は、大歓迎なのだ。

具体的には、こんな感じだ。ミーティングに招集されて、

部下「私も出席した方がいいですか」

上司「そうだね。君のためにも良いだろうと思って」

部下「うーん。そうですか。私は出席してもあんまり意味がないと思うのですが」

上司「そうか。君がそう思うなら、出席する必要はないよ」

この上司は、怒っているわけでも、突き放した話し方をしているわけでもない。部下本人が意味を見出せないのであれば、本当に出席する必要がないと思っている。

デンマークでは、一般的に、上司は部下からの質問をポジティブに受け止める。指示に対して疑問を投げかけられても「失礼」だとは思わない。

ただし、その質問は、より良い成果を出すための建設的な質問である必要がある。「テイク・バック・タイム」のペニーレはこう指摘する。

「ただの不平不満はダメよ。『なんでこんな仕事しなきゃいけないの？』とずっと文句を言ってるのは違う。そうじゃなくて、**自分がより良い成果を出すためにはどうしたら良いか。会社がより良い成果を出すためにはどうしたら良いか。成果に対して好奇心を持って、建設的なコミュニケーションをするの**」

「何のために？」と質問し合う職場は、社員が不平不満を述べる職場ではない。奨励されているのは、成果をアップさせるための建設的なコミュニケーションである。

ポイント53 なぜそのタスクをする必要があるのか？ をお互いに問う

LEGO社のトップが、清掃員と対等に話をする理由

複数の大企業で働いてきたヴィンセントは、常に自分の意見を上司にきちんと伝えてきた。

「僕は自分の意見を誰にでも言える。上司にも意見を言うよ。一瞬、嫌な顔をされることもあるけど、**ポジティブで建設的な提案をすれば、受け入れてもらえる**。僕はこれまで上司と意見が食い違うことがあっても自分の意見を伝えてきたし、最終的には上司にも受け入れられてきたよ」

率直に意見が言える職場環境は、色んなメリットがある。

LEGO社で7年間勤務していたカーステンは、LEGO社にも、物事をオープンに話せる環境があったと言う。何か問題があれば、スタッフは上司に報告し、問題解決に取り組んでほしいと伝えることができる。上司は部下の意見を基本的にはポジティブに受け止めてくれる。

カーステンは、上司が部下の意見に耳を傾けることは、組織改善のためにも必須だと指摘する。

「トップや管理職が現場の状況をきちんと把握できていないと、間違った意思決定をしてしまうリスクがある。**部下の話をよく聞いて、現場で起こっていることを正確に把握することで、組織として的確に問題解決にあたることができる。**組織のなかでトラブルも含めてオープンに情報共有できる職場が、良い職場なのだと思う」

カーステンは、彼が働いていた当時のLEGO社のトップが、清掃員と対等に話をして、清掃員の意見を組織改善に反映する姿も容易に想像できると言う。

LEGO社だけではない。世界的に有名なデンマークの建築家ビャルケ・インゲルスの建築事務所BIGにも、役職にかかわらず、お互いの意見に耳を傾ける環境がある。BIGで働く女性建築家エムは、その様子をこう語る。

「職場にはインターンで働いている学生もいるけど、学生の意見にもみんな同じように耳を傾ける。**職場には、みんなの意見を対等に聞くカルチャーがある**」

世界が注目する最先端の建築事務所BIGにも、インターンの学生の意見に耳を傾けるカルチャーがあるのだ。新人にも組織を前進させる一人として意見を述べることを求めるし、新人でも意見に耳を傾けてもらえる。

ポイント54 **部下の意見を聞いて、組織改善に活かす！**

部下のためにNOと言う勇気

インタビューを通じて、共通のメッセージが見えてきた。

組織が高いパフォーマンスを発揮するためには、社員一人ひとりの「ウェルビーイング」が欠かせないということだ。

社員がプライベートも仕事も充実させて元気に働ける環境があるからこそ、仕事で高いパフォーマンスを発揮でき、それが組織全体のパフォーマンスを上げてくれる。

そして、デンマーク人はそのことを「暗黙の了解」として理解している。我慢を強いられるような環境で、プライベートを犠牲にしなければならない環境で、上司に向かって意見が言えないような環境で、仕事の生産性なんて上がるわけがない、と。

何よりも、社員が心から仕事に喜びを感じて、情熱的に取り組むことが生産性アップにつながる。どんなに頑張って努力する人も、楽しんで情熱的に仕事に取り組む人には敵わない。

真の生産性とは、自己犠牲からは生まれない。飽くなき探究心と仕事への喜びから生まれるものなのだ。

驚くべきことに、インタビューした多くのデンマーク人が同じようなことを言っていた。しかも、そんなことは「当然」とでも言うように。


最先端コワーキングスペース「ブロックスハブ」で働くアンブリットは、仕事をするうえでもっとも大切なのは「いいエネルギーの循環」だと指摘する。

そのためには、部下を疲れさせてはいけない。アンブリットは、たとえ上司の指示であっても、部下の労働環境を守るために、タスクを断ることがある。

中間管理職の仕事は、上司の指示にただ従うことではない。部下が気持ちよく働いて仕事の成果を出せるように、部下の働く環境を整えることである。結局は、それが組織全体の生産性の向上につながる。

アンブリットは部下の個性を丁寧に観察し、それぞれの部下が働きやすい環境を用意する。

「とても社交的で、みんなと話し合いながらタスクを進めていくタイプの人もいる。でも、一人で集中して仕事をしたい人もいる。そんな正反対の２人が同じ部屋にいたら、お互いにストレスになる。私の任務は、**部下の個性に合わせて、それぞれの部下が働きやすい環境を用意すること**」

どちらのタイプの人の方が優秀だということはない。一人ひとりの個性は違うし、それぞれにやりやすい仕事の進め方がある。

社員一人ひとりの個性を尊重して、それぞれに合った環境を用意できれば、組織全体の生産性は大いにアップしそうである。

ポイント55 部下が働きやすい環境づくりを最優先。時には、上司にもＮＯと言う

コラム COLUMN

デンマーク人の我慢しない力

日本を訪問したことがあるデンマーク人は、日本人はサービス精神があって、日本旅行は本当に素晴らしかったと口々に語る。すべてが上手く機能していて、便利で、どこに行っても誰かがサポートしてくれる。マナーが良く、気配りが行き届いている、と。デンマーク人から素晴らしい日本旅行の話を聞くと、とても嬉しくなる。

日本を舞台に映画を撮影するキャスパーも、日本人の気配りは本当に素晴らしく、デンマーク人が日本人から見習うべきことはたくさんあると言う。

私はそんなコメントを聞くと、嬉しいと同時に、その裏にある労働環境はどうなっているのだろう、と考えてしまったりもする。その裏には「我慢」が少なからずあるのではないか、と。

我慢を美徳とする日本人は、自分の気持ちを溜め込んでしまいがちだ。デンマーク人は我慢することはないのか、とキャスパーに尋ねると、こんな回答が返ってきた。

「デンマーク人は、思ったことは口に出して言う。僕らデンマーク人は、そんなに我慢できない。しばらくの間、内に抱え込んでいても、そのうち耐えられなくなって口に出して直接本人に伝える。よく言えば、物事に対峙するのが上手いのかもしれない。悪く言えば、マナーがなっていないとも言える」

デンマーク人は日本人のサービス精神やマナーを学んだ方が良いのかもしれない。しかし、同時に、日本人もまたデンマーク人から「我慢しない力」を学んでも良いかもしれない。

我慢しすぎない。それだけでお互いに問題を的確に把握することができる。問題に対峙し、一緒に解決策を話し合うことができる。

ポイント56 我慢しすぎない！ 言いたいことは言おう！

「ムリしない、させない」コミュニケーション

――「最強のチーム」は自然に生まれる

人間関係ができれば、「仕事完了」も同然

仕事の生産性を高めるカギとなるもの。それは、上司・部下・取引先・顧客との「円滑なコミュニケーション」である。

もっとわかりやすく言えば「人間関係」である。

お互いの時間を尊重してタイパを高めるために、上司が部下をファシリテートするために、社員が自分の意見を言いやすい職場環境をつくるために、すべてにおいてカギを握っているファクター。それが「人間関係」である。

信頼に基づいて、お互いを尊重する「人間関係」があれば、自然にお互いのタイパに配慮するようになるし、適切な形で部下をファシリテートできるようになる。また、社員が安心して自分の意見を伝え合えるようになる。誠実で建設的なコミュニケーションが可能になるのだ。

逆に、「人間関係」ができていないと、疑心暗鬼《ぎしんあんき》になって、お互いの探り合いをすることになってしまう。不信に基づいた邪推は、負のスパイラルを生み出す。一旦そんな関係になってしまうと、何をしても、誤解が生じ、話が噛み合わず、仕事を効率良く進められなくなる。お互いに嫌な感情に呑み込まれてしまうと、ますます仕事の効率は下がる一方である。

結局のところ、仕事の生産性のカギを握っているのは「人間関係」なのである。

デンマークのメーカーで海外のセールスを担当するデニスも、人間関係がすべてであると指摘する。

「カギとなる人物と、個人的な良い関係を築くことが一番大事。それができれば、仕事はほぼ完了したようなもの」

ポイント57 仕事の9割は「人間関係」で決まる

関心と適性を見極めてチームを編成する

円滑なコミュニケーションで会社の生産性を高くキープできるためには、適切な人材を採用する必要がある。メーカーでセールスを担当するデニスは、適切な人材とは、その職種に相応《ふさわ》しい関心と適性を持ち合わせている人材であると指摘する。

つまり、仕事内容そのものに興味を持ち、責任感を持って仕事に取り組める人材である。

そもそも、私たちは、まったく関心がない物事については、なかなか吸収することができない。デニスはその人の仕事への関心度を測るバロメーターとして「記憶力」を挙げる。

「覚えられないってことは、関心がないってことなんだ」

この言葉を聞いて、私はちょっとドキッとした。

あなたも心当たりがないだろうか。

自分が好きなことなら自分で積極的に調べるし、忘れる方が難しいほど記憶に深く刻み込まれる。それなのに、つまらない仕事や興味のないことについては、いくら説明されても頭に入ってこないし、すぐに忘れてしまう。

記憶力から関心の度合いを測れるというのは、あながち間違いではなさそうだ。

さらに、今の時代、専門知識は必要だが、それよりも大切なのは「知識の応用力」である。

知識はネットで検索できる。大切なのは、豊富な知識よりも、知りたい情報を検索して見つけ出して、実際に使える力。やはり、関心がないと仕事は始まらない。

また、関心はあっても、仕事への適性がない人もいる。スケジュール管理や状況に合わせた適切な判断ができない人とは、一緒に仕事をするのは難しい。

デニスによれば、デンマークでは信頼をベースにしたマクロマネジメントで動けない人は難しい。自分が細かく管理しないと仕事が前に進まない場合は、部下の適性がその職種に合っていない可能性が高い。

メンバーの関心や適性を見極め、違うと思う場合は、メンバーを入れ替える。そうすることで、チームの競争力を高くキープすることができる。高い生産性を維持するためには、関心や適性に合わせたメンバーの入れ替えは必須なのだ。シビアだと感じるかもしれないが、向かない仕事をムリして続けるよりは、長期的には本人のためになる。

ポイント58 関心と適性が、職種に合っているか？　を見極める

ポイント59 関心は「記憶力」で測れる！

多様な個性をまとめるための「必須アイテム」

ケネットは、独自のマネジメント哲学を持っている。

専門性も大切だが、採用の際には「組織にダイバーシティを生み出せるか」を意識する。たとえば、外国人や障がい者を雇用すれば、組織に新しい視点やメソッドを取り入れられる。彼らの社会へのインクルージョンやキャリア形成のサポートにもなるし、職場には多様性を受け入れる寛容さが生まれる。

職場に寛容さが生まれれば、異質な個性を受け入れてリソースとして活かし合える職場カルチャーができる。

会社とは、ミッションを共有するメンバーが、そのミッションを果たすために「多様な個性をリソースとして活用し合う場」である。

そう考えると、メンバーは、似た者同士ではなく、異質な個性を持っていた方がいい。

デンマークの職場は基本的に「多様な個性」で成り立っている。

なぜなら、一人ひとりが役割ベースでその分野のプロとして雇われているからだ。

専門性の異なる多様な個性を持つメンバーが集まって組織が成り立っている。

しかし、多様な個性だけではバラバラでまとまりがつかなくなってしまう。会社のミッションを達成するために、多様な個性をリソースとして活用するには「あるもの」が必要だ。

「あるもの」とは何だろうか。


多様な個性を、さまざまな形をした部品だと考えてみればいい。色んな形をした部品は、それだけではバラバラの部品にすぎない。部品は他の部品と組み合わせることによってはじめて、その部品ならではの「役割」を果たすことができる。

そして、多様な部品が組み合わさった機械をスムーズに動かすためには「あるもの」が必要だ。

大きな機械を思い浮かべてみよう。歯車と歯車がピッタリと上手く噛み合い、大きな機械がスムーズに動くために必要なものは何だろうか。

それは「オイル」である。

それぞれの部品に「オイル」をさしてあげなければ、せっかく部品が組み合わさっても、ギギッと軋《きし》んだ音を立てるだけで、なかなか作動しない。作動したところで、それぞれの部品が擦れ合ってブレーキがかかり、再び機械が止まってしまうかもしれない。

「オイル」は、色んな形の部品が組み合わさった機械をスムーズに動かし、フル稼働させるための必須アイテムなのだ。

では、職場において「オイル」とは何なのか。

それは「社会性」である。

デンマークの職場において肝になるのは、じつは良好な人間関係を築くための「社会性」である。

形がバラバラな個性的な部品に「社会性」という共通のオイルがさされているから、部品と部品がスムーズに噛み合って高速でフル稼働できるのだ。デンマークの組織の生産性が高いのは、オイルをさした一つひとつの部品がきっちりと噛み合って連動するからである。

「デンマークの職場において『社会性』の重要性を侮《あなど》ってはいけない」

と指摘するのは、建築家のソーレンだ。

「デンマーク人が小さな頃からの教育で身につけてきた『社会性』は、機械を動かすオイルのようなもの」

インタビュー取材でソーレンがこう口にした瞬間、私の視界が開けるように、デンマークの組織に隠された「ヒミツ」が明らかになった。

そうだ、コレだ。「オイルとしての社会性」なのだ。

デンマークのように、ヒエラルキーのないカジュアルな人間関係がある職場は、お互いを上手くナビゲートし合わなければ、たちまちカオスになる。

上手くナビゲートできている職場では、「社会性」というオイルがさされた社員がスムーズに機械を動かしているのだ。

では、デンマークの職場で求められる「社会性」とは何なのか。

その正体を突き止めれば、デンマークの組織の生産性が高い理由《わけ》がわかるのではないか。

ポイント60　多様な個性をリソースとして活かす意識を持つ

ポイント61 チームをフル稼働させるのはメンバーの「社会性」

デンマークの職場で求められる「社会性」とは?——4つのポイント

生産性の高い職場で求められる「社会性」とは、具体的にどういったものなのだろうか。

それは私たち日本人が思い浮かべる社会性とはちょっと質が異なる「社会性」である。

それは決して、他人に合わせることではない。

ここに生産性の高いデンマークの職場にあるデンマーク式の「社会性」の4つのポイントをまとめる。

1 解決志向——率直なコミュニケーション

第一には、解決志向で、誠実に率直にコミュニケーションをする力だ。

デンマーク人は、何でもストレートに話をする。我慢を美徳とはせず、何か気になることがあれば、課題として取り上げ、解決策を提案する。「臭い物に蓋をしない」カルチャーなのだ。

問題があれば、オープンに問題を共有し、解決策を模索する。

何か疑問を感じたら、ストレートに質問をする。意見があれば、率直に伝える。

社会性のまずひとつめは、解決志向の率直なコミュニケーションだ。

ポイント62 解決志向でストレートにコミュニケーション

2 個人的に受けとめないチカラ――それはそれ、これはこれ

ストレートに意見を言い合う環境で、疑問や反対意見をいちいち個人的に受けとめていたら気がもたない。

デンマーク人がストレートに疑問や意見を伝えるのは、決して、悪意からではない。相

手を傷つけようとする気持ちはない。

むしろ、相手を信頼し、一緒に問題に対峙して解決策を見つけられると思っているからこそ、率直に疑問や意見を伝えるのである。

そこで重要なのが、率直に疑問や意見を伝えられたときに「個人的に受けとめないチカラ」だ。

批判しているのは仕事の仕方であって、その人の存在ではない。相手が否定しているのは、自分の意見であって、自分の存在ではない。

何か批判をされたときに、課題と自分を分離して捉える必要がある。

自分の疑問や意見を相手に伝えるときも同様である。

反対意見を述べることと、相手の存在を否定することとは別である。相手を尊重しながら、反対意見を述べることもできる。相手を尊重しながら、仕事の仕方に疑問を投げかけることもできる。

自分の意見を伝えるときも、他人の意見を聞くときも、「それはそれ、これはこれ」。自分という存在と切り離して捉える必要がある。

意見の相違を伝え合うことは、お互いの存在を否定し合うことにはならない。意見が違うからといって、批判されたからといって、相手を否定する必要はないし、自分を否定する必要もない。

問題解決志向になって、問題と自分を切り離し、批判を「個人的に受けとめないチカラ」を身につければ、誠実で率直なコミュニケーションが可能になる。

ポイント63 **批判を個人的に受けとめない**

3 「戦場」を選ぶ意思——コアな部分以外はどっちでもいい

では、なんでも言える環境があるからといって、お互いにどんなことにも意見を言い合っていたら、どうなるだろうか。細かいことについてもいちいち意見を言い合っていたら、なかなかスムーズに物事が進まないのは、想像に難くない。

だから「戦場を選ぶ」のだ。

細かいことは気にしない。すべてにこだわる必要はない。

自分にとってそれほど重要ではないことについては「戦いから降りる」のだ。

細かいことにこだわって頑張れば、その部分で多少成果は出るかもしれない。だが、それ以上にお互いのエネルギーの浪費になってしまう可能性がある。

だから、それほど重要ではないほとんどのことについては、妥協して折り合いをつける「妥協するチカラ」が必要になってくる。

もちろん、妥協ばかりでもいけない。

自分のコアな部分に関わる重要なことに関しては、立ち上がって戦う。自分のコアな部分に関わる重要なことについては、自分の意見をハッキリと伝えるのだ。

いざというとき、自分がどうしても妥協できない重大な局面では、立ち上がらなければならない。そこでは、誠実に、率直に、自分の意見を伝えるのだ。

ポイント64　コアな部分は譲らない。あとは妥協してOK

4 デモクラシーのマナー――みんなの意見を平等に聞く

立場に関わらず、みんなが平等に自分の意見を述べる権利がある。

デンマークの職場はヒエラルキーがなくカジュアルだが、みんなが平等に自分の意見を述べられるようにしなければならないという「民主的なルール」がある。

いつ誰が話すのか。自分の番はいつか。自分が話したら、次は他の人にバトンを渡す。みんなが意見を言えるように、守るべきマナーを守る。

誰でも対等に意見を言えるカジュアルなカルチャーがカオスにならないのは、みんなが自分の意見を伝えつつ、それぞれの人の話に対等に耳を傾けるという基本的な姿勢があるからだ。その姿勢があるから、意見の相違を受け入れ、解決志向で穏やかに議論を進めることができる。

自分の意見を伝える。他人の意見も聞く。自分を犠牲にして他人に同調するわけでもなく、他人を差し置いて自分が前に出るわけでもない。競い合うのではなく、お互いを尊重して耳を傾ける。

自分の意見に耳を傾けてくれる信頼できる上司・同僚・部下に囲まれていることは、心身ともに健康に働くうえで、とても大切なことだ。

デンマークの職場では、自分の意見も伝えるし、相手の意見も聞く。そのうえで問題があれば、対話によって妥協点と解決策を模索する。

ポイント65 みんなの意見を平等に聞く――デモクラシーのマナーを理解する

「適材適所」×「社会性（オイル）」が最強！

ここで、今まで述べてきたデンマークの組織の強みを簡単に整理しよう。きっと、日本の組織にも応用できるはずだ。

第一に、重要なのは「適材適所」である。

デンマークはジョブ型雇用なので、会社に入社するというよりは、特定の「役職」を担うというイメージだ。もともとその分野の知識があり、仕事内容に関心がある人が応募してくるため、採用の段階から「適材適所」になっている可能性が高い。希望していない部署に配属されることは基本的にはない。

つまり、ひとりの社員は、最初から特定の役割に特化して採用された人材なのである。ひとりの社員がマルチな才能を発揮する必要はない。特定の部品として、ほかの部品と組み合わさることによって、組織における「役割」を果たせればそれでいい。

そこで、第二に重要になるのが「社会性（オイル）」である。

①解決志向の率直なコミュニケーション
②個人的に受けとめないチカラ
③「戦場」を選ぶ意思——コアな部分以外では妥協するチカラ
④デモクラシーのマナー——みんなの意見を平等に聞く

この4つの「社会性」を兼ね備えることで、人間関係が円滑になり、コミュニケーションがグッとスムーズになる。

「適材適所」×「社会性（オイル）」が組織の高いパフォーマンスを引き出すのだ。

ポイント66 「適材適所」×「社会性（オイル）」で最高のチームをつくる

最高のパフォーマンスは、「いいエネルギーの循環」から生まれる

最後に、ここまでの総括をしたい。

なぜデンマークは国際競争力ナンバーワンなのか。

それは、「社会性」というオイルを兼ね備えた各メンバーが、個性と関心に合った「適材適所」の役割を担い、全力でフル稼働しているからだ。

そこには「ムリ」がない。

適材適所の役割を担っているから、チーム内のメンバーが、お互いにムリせずに働ける。

ジョブ型雇用で各自が適材適所の役割を担うことによって、チーム内に役割分担としての「ムリのない関係」が生まれる。そして、ムリのない関係があるからこそ、お互いにいいエネルギーをキープして仕事に取り組める。

ムリしない、ムリさせない。

自分もムリしない、他人にもムリさせない。

適材適所のみならず、デンマークの組織は「ムリしない、ムリさせない関係」で成り立っている。

たとえば、こんな感じだ。

・自分もプライベートライフを大切にするから、みんなもプライベートライフを大切にしてほしい。
・自分も休むから、みんなも休んでほしい。
・自分も好みの服装で仕事をするから、みんなも好みの服装で仕事をしてほしい。

・自分もやりやすい方法で仕事をするから、みんなもやりやすい方法で仕事をしてほしい。
・自分も失敗するかもしれないから、みんなの失敗も受け入れよう。
・自分も率直に意見を言うから、みんなにも率直に意見を言ってほしい。
・自分もムリはしないから、みんなにもムリをしないでほしい。

どうだろう。デンマークの組織は「ムリしない、ムリさせない人間関係」で成り立っていると言えないだろうか。

ムリしない、ムリさせない。

これは、お互いにラクな方に合わせた「平等」だ。

つまり、「自分もムリするから、みんなにもムリしてほしい。自分も我慢するから、みんなにも我慢してほしい」という下方修正の平等ではない。

そうではなく「自分もムリしないから、みんなにもムリしないでほしい。自分も我慢しないから、みんなにも我慢しないでほしい」というお互いにラクな方を向いた「上方修正の平等」なのだ。

ムリしない、ムリさせない。

こうして、自分にも、組織のメンバーにも、ムリを強いないことで、いいエネルギーの流れをキープできる。

メンバー一人ひとりがお互いのいいエネルギーをキープして、内側から湧き出る情熱に突き動かされて仕事に取り組むことで、いいエネルギーが循環し、最高のパフォーマンスを発揮できるのだ。

だから、自分もムリしないし、他人にもムリさせないようにしよう。

「ムリしない、ムリさせない人間関係」から、いいエネルギーの循環が生まれ、最高のパフォーマンスが生まれるのだ。

ポイント67 「ムリしない、ムリさせない人間関係」が、最高のパフォーマンスを生む

第4章

国際競争力を育む社会の「仕組み」

――転職前提のキャリア形成

The Kingdom of Denmark

さて、いかがだっただろうか。

ここまでが国際競争力ナンバーワンのデンマーク人の働き方だ。「時間」と「人間関係」についてのデンマーク人の考え方をどう感じただろうか。あなたにも取り入れられる働き方のヒントに出合えていたら、とても嬉しい。

そして、そろそろ、デンマーク人の仕事観・キャリア観が気になってこないだろうか。

デンマーク人はどんな仕事観やキャリア観を持っているのだろう。どうやってキャリア形成をしているのだろうか。

第4章では、国際競争力が高いデンマーク人の仕事観・キャリア観を見ていく。ぜひ、あなた自身の仕事・キャリアをふり返り、新たな一歩を踏み出すきっかけにしていただけたら幸いだ。

デンマーク人の「仕事観」
――「やりたいこと」と「意味」を考える

あなたの頭の中は「仕事」でいっぱい？

日々の生活で、仕事が占める時間は長い。

１日の労働時間、１週間の労働時間、１ヶ月の労働時間、１年の労働時間、生涯の労働時間について考えたとき、「仕事」に途方もない時間がかけられていることに気がつく。

さらに、もし平日のフリータイムや週末にも仕事のことを頭の片隅で考えていたら、どうなるだろうか。人生まるごと「仕事」に捧げているようなものである。

ここで一度、立ち止まって考えてみよう。

あなたが今まで取り組んできた仕事は、あなたの「人生」をどれだけ豊かなものにしてくれただろうか。

デンマーク人と話していると、「仕事」のイメージが変わってくる。

本章では、国際競争力ナンバーワンのデンマーク人が、仕事やキャリアに対してどんな考え方を持っているのかを紹介する。

プライベートライフが第一優先

第一線で活躍する研究者、映画監督、翻訳家、建築家、経営者……。

なんとなくだが、こういった職業に就いている人は、仕事が命というか、仕事を中心に生活が回っているイメージがないだろうか。

だが、違うのだ。仕事を愛してやまない人たちに、人生で最も大切なものは何かと尋ね

ると、

「仕事も大好きだけど、**人生で一番大事なものって聞かれたら、家族かなぁ**」

という回答が返ってくる。

ワークライフバランスの国とはいえ、私にとってこの回答は意外だった。なぜなら、デンマークは離婚率が高いからだ。また、結婚せずに子どもを持つ人もいる。

そこで、話をよく聞いてみると、彼らが「家族」と言うとき、その「家族」の定義が広いことに気がつく。

実の親、育ての親、前のパートナーとの間にできた子ども、新しいパートナー、新しいパートナーとの間にできた子ども、新しいパートナーの（前のパートナーとの間にできた）子どもなど、色んな「家族」が含まれる。

また、インタビュー対象者でパートナーや子どもがいない人は、親しい友達が家族のように近い存在で、とても大切だと言っていた。

ここで何が言いたいかというと、要はどんなに仕事に情熱を燃やしているデンマーク人でも、「プライベートライフ」を大切にしているということだ。

忙しい日常生活のなかでも、まずはプライベートの時間をしっかり確保したうえで「残りの限られた時間」で仕事をする。そんなスタイルだ。


仕事が忙しくなって、仕事を第一優先にする時期があったとしても、仕事が落ち着いたら、再びプライベートライフを第一優先に持ってくる。

一時的に生活の仕方が偏ったら、その後に再び調整してバランスをとる。

暮らしの真ん中にはいつも「大切な人と過ごす、かけがえのないひととき」がある。


安らぎ。

こんな言葉がしっくりくるだろうか。

心身がリラックスする、気心の知れた人との大切なひととき。

スマホを置いて、「世間」を気にせず、時間に追われず、その場にいる大切な人と一緒に、そこにある空気をただただ楽しむ。

夏の快晴の日には、公園の芝生に寝っ転がっておしゃべりをし、テラスでワインを楽しみ、庭でバーベキューをする。森やフィヨルドに散歩に出かけ、湖で泳ぎ、ボートに乗ってアルコールを飲みながら、眩《まぶ》しい太陽に感謝する。

冬には、ロウソクを灯《とも》し、手作りのケーキを囲み、ゆったりとお茶を楽しむ。笑いをとって場を盛り上げるわけでもなく、不平不満を言い合ってストレス発散の場にするわけでもなく、その場にある心地よい空気感を大切にする。


そんな豊かな時間を守りながら、デンマーク人は働く。

ポイント68 「安らぎ」を感じる時間をつくる

仕事はお金を稼ぐ手段ではない⁉

「プライベートライフ」を守りながら働く、というのはデンマーク人にとって絶対条件だ。デンマーク人にインタビューして感じたことがある。もちろん、みんながみんな仕事に満足しているわけではないし、好きなことを仕事にできているわけでもない。給料や労働環境に不満がある人もいる。

しかし、一般的に、デンマーク人は、やはり仕事が好きである。さまざまな調査で、デンマーク人の仕事への満足度は比較的高いという結果が出ている。[xxi]

多くの場合、デンマークの人びとにとって、仕事はお金を稼ぐ以上の意味を持っている。デンマークでは、お金を稼げば稼ぐほど高い税金を納めなければならないため、そもそもお金は仕事をするモチベーションとして成り立たない。

では、デンマーク人にとって、仕事とは何なのだろうか。

インタビュー取材をしたところ、「自己成長」「アイデンティティ」「意味」というキーワードが頻出した。

「自己成長」のための仕事——教育機会としての仕事

最先端コワーキングスペース「ブロックスハブ」でチーフコミュニケーションオフィサーを務めるアンブリットは、常に「自己成長」を意識して仕事を選んできた。最初に就職したのはアメリカの会社のイノベーション事業のシンクタンクだった。デンマークに戻ってからも、イノベーション関連事業に関わり続けているが、５年以上同じ職場にいたことはない。新たなステップを求めて、常に挑戦し続けてきた。

じつは、私が彼女に出会ったのは、２０１４年だ。彼女がデンマークの大手出版社のイノベーション事業部で働いていたときだった。日本向けのメディアを開発するプロジェクトで、私はトランスレーター兼ライターとして、彼女に雇われた。まだデンマーク語の語学学校を卒業したばかりの私を、彼女はとても尊重してくれた。

私のワークライフバランスも考慮してくれ、タスクを依頼するときには、必ず私にその時間があるかどうかを事前に確認してくれた。彼女がワクワクしてプロジェクトに取り組んでいる様子が伝わってきて嬉しかったし、ファシリテートが上手だった。仕事をすれば喜んで感謝してくれて、一緒に働かせてもらって、とても楽しかった。

そして、2023年。私がフォーブスジャパン発行のマガジン『WORK MILL』の取材のためにコワーキングスペース「ブロックスハブ」を訪問すると、メディア担当者として迎え入れてくれたのは、なんと彼女だったのだ。お互いに驚き、9年ぶりの再会を喜び合った。

話を聞くと、彼女は、いくつかの転職を経て、現在の職に辿り着いたそうだ。

「私は仕事を自己成長のための『教育機会』だと思ってる。**仕事を通じて専門知識を深め、コミュニケーション能力を伸ばしたい**」と、アンブリットは言う。

彼女は、成長し続けるために、常に、新しい挑戦を求めている。

そう考えるからこそ、彼女は、部下にも職場を教育機会として活用してほしいと願っている。

「上司としての私の役割は、部下の成長を止めないこと。**部下には、職場で挑戦したいことや学びたいことを尋ねる**。部下の希望が現実的であれば、希望に合わせて部下に『新しい役割』を与える」

こうして、彼女は自分だけではなく、部下にも、仕事を通じて自己成長できる機会を提供している。

ポイント69　仕事を「教育機会」と捉える

仕事は「アイデンティティ」——まず職業を尋ねられる

多くのデンマーク人にとって、仕事は「アイデンティティ」である。デンマークでは、初対面で会うと、まずは職業を尋ねられる。職業というのは、会社名ではなく「職種」である。こんな感じだ。


「どうも、こんにちは。ユカです」

「こんにちは。マリアです。デンマークに住んでるんですか?」

「そうなんです。デンマーク人夫と子どもと一緒に、ロスキレ市に住んでます」

「へぇ、そうなんですね。**それで何をしてるんですか?**」

「ジャーナリストで、日本向けにデンマークについての記事を書いたりしてます」

「へえぇ、面白そうですね」

「マリアさんは、**何をされてるんですか?**」

「私は、市の施設でイベントの企画を担当してます」
「へぇ。どんなイベントを企画されるんですか？」

と、こんな感じの会話は、初対面でありがちな会話である。ここでは、日本の読者に違和感がないように敬語に訳してみたが、実際にはもっとカジュアルだ。

このように、初対面で会って、単刀直入に聞かれるのは「職業」である。

なぜ「職業」を聞くのか。

それは、「職業」を尋ねるのが、その人を知るのに一番手っ取り早いと思っているからだ。

もし相手が失業中であれば、前職や、受けた教育の専攻を尋ねる。職業あるいは教育の専攻を聞けば、その人が「誰」なのかが、だいたいわかると思っているからだ。

つまり、デンマーク人が初対面の自己紹介で職業あるいは教育の専攻を尋ねるのは、その人が関心のあることを教育課程で学び、その人が関心のあることを仕事にしているのだろう、という前提があるからだ。

一般的に、デンマーク人は稼ぐためだけでなく、自分の関心に基づいて進路を決める。さらに、転職を奨励するカルチャーがあるので、関心も適性もない仕事を長年にわたってムリに続けることはしない。仕事がミスマッチだと思えば、転職を視野に入れ、キャリアの方向性を見直す。だから、デンマークでは職業がその人の関心と重なっている可能性が高い。

ちなみに「○○社で働いています」というのは、なんの自己紹介にもならない。「○○社で△△をしています」と言って、やっと自己紹介になる。デンマーク人が知りたいのは、所属している組織よりも、組織でどんな「役割」を担っているかである。

ポイント70 関心から職種を選ぶ

仕事に求めるのは「意味」――「社会的意義」と「自分にとっての意味」

もうひとつ、デンマーク人が仕事に求めているものがある。それは「意味」である。

それは、仕事の「社会的意義」であると同時に、「自分にとっての意味」でもある。

先ほど登場したアンブリットと同じくコワーキングスペース「ブロックスハブ」で働くヤコブは、グローバルネットワーク担当だ。「ブロックスハブ」はサステナビリティ事業に関わる企業や個人のみを会員としているので、ヤコブの役割は、サステナビリティ事業のグローバルネットワーク構築、ということになる。

ヤコブもこれまでさまざまな職を経験してきた。キャリアのスタートは、エチオピアだった。ＥＵの職員としてエチオピアで2年間働き、その後、デンマークの環境省で短期間働いてから、コペンハーゲン市の職員としてサステナビリティ事業に関わるようになった。

そして、そのつながりから、海外の企業や投資家をサポートする「コペンハーゲン・キャパシティ」の秘書となり、現在は「ブロックスハブ」で働いている。

ヤコブは、ステータスや給料を基準にキャリアを選んできたわけではない。ヤコブは仕事選びの基準についてこう語る。

「僕は自分の仕事を好きでいたい。**自分の関心があることで、社会的意義のある仕事、つまり、自分にとって意味がある仕事をしたい**んだ。仕事に社会的意義があるかどうかはすごく重要だと思う。僕が自分自身をどう見るか、ということにつながってくるからね。もっと条件が良い仕事のオファーをもらうこともあるんだけど、自分のなかで意味を見出せなければ断るよ」

社会的に意義のある仕事をして、仕事に自分なりの「意味」を感じたい。そう考えるのは、ヤコブだけではない。デンマークでは、じつは、そう考える若者が増えている。

今の若い世代は、会社が社会に果たす役割、つまり、会社の「社会的意義」を重視する。たとえば、若い世代は環境意識が高いため、環境意識の低い企業は、若者の就職先として「選ばれない」。

若い世代にとっては、自分が働く企業の方針は、自分の価値観と一致している必要がある。彼らにとって、企業の方針は、もらえる給料よりもはるかに重要なのだ。

その一方で、長期旅行など、自分がやりたいことを実現するために、「資金集め」と割り切って短期的に飲食店などで働く若者もいる。こういった若者は、仕事に意味は求めないが、稼いだ資金で、自分がやりたいことを実現させようとしているという点で、「自分なりの意味」を感じて働いている。

ポイント71 「自分にとっての意味」がある仕事を選ぶ

転職をポジティブに捉える社会

仕事をアイデンティティとして、自己成長や意味を求めて働くデンマークの人びとは、「転職」をポジティブに捉えている。

「**履歴書には転職歴があった方がいい**。転職歴があることは、柔軟に新しいことに挑戦できる人という意味だから」

と、同じ職に約10年就いているルイーセが言っていた。

ルイーセは今の仕事を適職と感じていて、心から愛しているからこそ、約10年にわたって続けてきた。だが、自分の未来の可能性を狭めないために、そろそろ次のステップを考えて転職した方が良いと感じているようだ。

デンマーク社会では、数年ごとに転職する人の方が評価され、長年同じ職場にいる人の方が「変化を受け入れられない人」と判断され、採用されにくくなる。同じ会社に10年以上いる人は「このままではいけない」と感じるようだ。

私が取材したデンマーク人も、誰一人として転職を経験していない人はいなかった。自分の会社を立ち上げて独立した人以外は、誰もが複数の職を経験していた。数年ごとに転職している人も多かった。おかげで、一人に取材するだけでも、色んな職場の話を聞けて、彼らなりの「デンマークの職場」の特徴についての分析も聞けてありがたかった。

明確なキャリアプランを持たない

デンマークには、日本のような新卒一括採用はなく、それぞれが自分のペースで就職活動をする。

とりあえず、自分の専攻に近い関心のある職種でインターンとして働き始め、仕事の仕方がわかってきたら、同じ職場で給料アップの交渉をする。あるいは、同じ業界の別の会社でより高い給料をもらって働き始める。このパターンが、デンマークでよくあるキャリアのスタートの仕方だ。

その後は、より責任の大きな仕事を引き受けながら社内でキャリアアップする人もいれば、自分の関心や適性に合わせて転職する人もいる。同じ業界で転職するケースが多いが、異業種への転職もめずらしくはない。

話を聞いていると、最初から明確なキャリアプランを持ち、そのプランに沿ってキャリアを形成してきた人というのは、それほどいない印象だ。

仕事が大好きでたまらないというハッセは、キャリアについてこう語る。

「僕のキャリアは色んな偶然の重なり。**僕はキャリアプランなんて考えたことは一度もなくて、ただただ好奇心の向くままに仕事をしてきた感じだよ。**経済的な理由で転職をしたことは一度もない。常に、好奇心にしたがってきた。僕にとって、仕事は楽しめるものじゃないといけないから。面白そうな仕事、何か学べそうな仕事、自分にとって意味のある仕事を求めて、転職をしてきた」

ハッセは現在、オーデンセ市の管理職として約１３００人のスタッフを統括している。だが、話を聞いていると、頑張ってキャリアの階段を上ってきました、という感じがまったくしない。彼は本当に、ただただ目の前の仕事に夢中になっていただけで、気がついたら、いつのまにか、リーダーとして大きな仕事を担っていたという感じなのだろう。

一方、カトリーネは、意識的にキャリアアップをめざしてきた。

テレビ業界で働き、より責任のある仕事や高い給料を求めて、キャリアの階段を上ってきた。公共放送局から民間の放送局に転職したときが最大のキャリアアップで、給料が一気に上がった。

しかし、彼女は50歳を目前にして、キャリアの階段を「降りる」決意をした。ＮＧＯへの転職を決意したのだ。転職によって給料は下がる。それでも転職を決めた理由は、もっと「社会的意義」のある仕事をしたくなったからだ。

ポイント72 関心や意味を求めてポジティブに「転職」を考える

社会に貢献できる自分であるために

デンマーク人と話していると、彼らはどこかで「社会貢献できる自分でありたい」という気持ちを持っているように感じる。

ハッセは高給をもらい、高い税金を納めている。高い税金を払うことについてどう思うかと尋ねてみたところ、即答された。

「僕はとても喜んで税金を払ってるし、もっと税金を払ってもいいくらいだ」

驚くかもしれないが、デンマークでは、ハッセのような回答をする人がとても多い。彼らの頭のなかで、税金を払うことイコール社会貢献なのだ。

その背景には、政府が信頼できるという、デンマーク政府と国民の関係性がある。デンマーク国民は、日常生活を通じて、政府が税金をきちんと使うべきところに使っていると感じているのである。

そういった事情はあるが、やはり、デンマーク人の社会貢献に対する意識は高い。社会貢献というとわかりにくいかもしれないが、どんな社会であってほしいか、そのために自分には何ができるのか、を考えているということだ。

「家庭の経済状況にかかわらず、病気や事故で身体が不自由になったときに誰もが医療機関にアクセスできる社会であってほしい。同じレベルの治療やリハビリを受けられる社会であってほしい。**みんなが同じ権利を持てる社会であってほしいから、喜んで税金を払う**」

その口調から、ハッセが本気でそう思っていることが伝わってくる。

また、「テイク・バック・タイム」のペニーレは、インタビューの最後に、人生でもっとも大切なことについて、熱を込めて語ってくれた。

「**人生で一番大事なことは、他人に貢献できる自分であることだと思う**。他の人をサポートできるように、自分自身を最高の自分にアップデートしたい。

最期の瞬間を迎えるとき、問われるのは、どれだけ成功したか、ということではなくて、どれだけ人に貢献できたか、ということだと思う。

子どもに対して、同僚に対して、どういう自分であったか。この世界に生きる市民として、どういう自分であったか。それが問われるのだと思う」

ペニーレの力強い声が、今も耳に残っている。

ポイント73 社会貢献できる自分でいる

湧き出る意欲と意志が「高い生産性」を生み出す

このように、デンマーク人は、自己成長を求め、社会的な意義を求め、自分なりの意味を見出して仕事に取り組んでいる。

小国デンマークがさまざまな分野で頭角を表し、世界を牽引できるのは、デンマークの人びとが仕事に自分なりの意味を見出し、関心と情熱を持って取り組んでいるからではないだろうか。

LEGO社に7年間勤めた後、現在はネット環境整備の仕事をしているカーステンはこう指摘する。

「デンマーク人の仕事水準が高いとしたら、それは情熱を持って取り組んでいるからだと思う。僕らがしていることは、単なる『仕事』ではない。僕らにとって『仕事』とは、僕らのライフスタイルでもあり、アイデンティティなんだ。**僕らには、好奇心がある。湧き出る意欲と意志がある。だからこそ、高度なレベルまで到達できるんだと思う。**仕事に喜びを感じれば感じるほど、仕事には『魂』がこもる」

仕事への意欲と喜びを感じることが最高のパフォーマンスにつながる。生産性とは「喜び」と「情熱」から生まれるものなのだ。

ポイント74　生産性は「喜び」と「情熱」から生まれる

コラム COLUMN

ニクラス・ブレンボーに聞く、世界トップクラスの「生産性の秘訣」

デンマークの若手の分子生物学研究者ニクラス・ブレンボーは、個人としての競争力が世界トップクラスの人物の一人だ。彼は、高校卒業時の成績が全国トップで、話題になった人物でもある。現在は、分子生物学研究者として研究をしながら、本を出版し、講演会をこなす。私が参加した彼の講演会は大きなホールが満席。話がとてもわかりやすく、聴衆を惹きつけていた。

ニクラスがデンマークで出版した本は大ベストセラーになり、数年にわたって年間ベストセラー入りした。世界26ヶ国に翻訳され、日本では『寿命ハック』（新潮新書）というタイトルで翻訳本が出ている。

このたび、貴重なことに、あちこちから引っ張りだこで多忙なニクラスへのインタビュー取材が実現した。

大事なことは、家族の健康、自分の健康

私が聞きたかったのは、ニクラスが「成果を出せる秘訣」だった。

高校の卒業時に全科目で優秀な成績を修め、研究をしながら世界のベストセラー作家になり、世界から注目を集める研究者。いったい、ニクラスはどんな働き方をしているのだろうか。彼が人生で大切にするものは何なのか。

ニクラスの回答は予想外だった。

こんなに成果を出しているのだから、命を賭けるくらい学業や仕事に一辺倒の生活を送ってきたのだろうと予想していたのだが、話を聞いてみると、まったくそんなことはなかったのだ。

好奇心が強いニクラスは、何に対しても知りたいという欲求が強く、自然に色んなことを学んでしまう。親に勉強を強いられたことはない。家庭にはルールなどもなく、親とは、子どもの頃からずっと、とても穏やかでリラックスした関係だ。

人生で一番大切なものは何かと尋ねたら「家族だよ。僕はすごく家族を大切にする」と即答する。「大事なことは、家族が健康で元気でいられること。健康はすごく大事。

健康があるから、色んな活動ができるわけだから」

そして「僕自身もね」と付け加える。「僕はできるだけ長生きしたい。この人生で、やりたいことがいっぱいある」。

大切な人に長生きしてもらいたい、自分も長生きしたいというコメントは、彼の研究テーマにも通じる。健康に長く生きることが重要だと思うから、ニクラスは長寿や不老不死の研究をしているわけだ。

起床後は、デスクに直行

ニクラスはフリータイムや週末には、家族や友達と過ごす。夏にはウォーターフロントや街に出かける。友達とビールを飲むこともある。長期休暇には友達と一緒に世界を旅する。未知の場所に行くのが大好きだ。

意外とゆったりと楽しい時間を過ごしているのだな、というのが第一印象だった。だが、ここからが、さすがニクラスだ。

ニクラスは、生産性を上げるために確実に使える武器は「睡眠」であると指摘し、

7時間、できれば8時間睡眠をとるようにしている。睡眠の質を上げるために、ベッドには良質なマットレスを使う。寝室の空気をきれいに、程良い湿度に保ち、音のない静かな空間をつくる。

たっぷり睡眠をとった後、朝起きると、シャワーを浴び、朝食を食べ、大きな仕事に取りかかる。朝食を抜いて、そのままデスクに直行することもある。

重要なことは、頭が冴えている午前中に、大きなタスクに取り組むことだ。

朝はできる限り、スマホのチェックはしないように心がける。邪魔が何ひとつ入らず、気が散らない環境をつくり、100%ゾーンに入った状態で集中して仕事する。

たとえば、本の執筆は午前中だ。50分という時間設定をして、ストップウォッチのスタートボタンを押す。そして、100%のエネルギーを投入して集中して取り組む。その後、10分休憩をとり、外の空気を吸ったり、水を飲んだりする。すると、また50分間集中して取り組み、10分休憩をとる。「50分集中+10分休憩」のセットを4~5回繰り返す。

そして、午後になると、軽めのタスクに切り替える。基本的に、メールの返信や会議や小さな実験などはすべて午後の予定に入れている。

これが、ニクラスの日常のルーティーンだ。もちろん、いつも理想的なルーティーンをこなせるわけではなく、緊急でしなければならないタスクが発生することもあるが、できるだけルーティーンを守るようにしている。

ルーティーンだけでなく、そもそも「何に取り組むか」も重要だ。ニクラスは、本当に成果を出したければ、最も重要なことは、自分が好きなことに取り組むことだと言う。

「どんなに全力で頑張っても、好きでやってる人には敵わない。もし本当に成果を求めるならば、自分が好きなことに取り組まなきゃいけない。**義務感でどんなに努力しても、湧き出る意欲には敵わない**」

現在、ニクラスは殺到するオファーのうち、重要な案件のみを選び、残りのオファーは断っている。そして、生み出した時間を、自分が本当に取り組みたいことと、エネルギーを充電するためのフリータイムにあてている。

ポイント75 7〜8時間の睡眠をとる→生産性アップ

ポイント76 「朝一番」に大きなタスクに取り組む

ポイント77 「集中タイム」はスマホを見ない

ポイント78 「湧き出る意欲」に敵うものはない

デンマークがめざす「適材適所のマッチング」

――社会のリソースを最大限に活かす

「**自分の得意分野を活かせば、成果を出せる**。それぞれが適材適所の仕事に就ければ、社会全体の生産性が上がる」

成人の人生の「やり直し」をサポートする教育機関で教師を務めるルイーセがさりげなくこう言っていた。

そう考えてみると、デンマークは「適材適所のマッチング」が比較的上手くいっている国である。国民が適材適所の職に就けるようにサポートする仕組みがある。

高福祉国家を運営するためには、高い納税率をキープしなければならないという切実な国家事情も背景にあるが、小学校から大学までの無償の教育提供、生涯にわたる成人向け教育機会の提供など、人びとが自分の能力を開発し続け、キャリアの軌道修正ができる社会的インフラを整えている。

また、ジョブ型採用と中途採用が一般的というカルチャーもあり、転職がしやすい。

私たちには個性がある。得意なこともあれば、苦手なこともある。湧き出る関心を抱く物事もあれば、残念ながら、どんなに頑張ってもそれほど興味が湧かない物事もある。

同時に、人生には、さまざまな局面がある。引越しや出産育児などで環境が変わることもある。興味関心の対象や価値観が変化し、心変わりすることもある。

多様な個性を持つとともに、常に変化していく私たちの「人間らしさ」を否定せず、受け入れ、いざというときにセーフティーネットを用意し、教育機会を提供し、キャリアの軌道修正をサポートする。刻々と変化する状況に合わせて転職・離職・再就職がしやすいように社会的インフラを整える。そうすることで、社会に眠る「人的資本」という貴重なリソースを最大限に活かす。

それがデンマーク社会である。

そして、それは「適材適所のマッチング」を実現できる社会でもある。


失敗してもいい。やり方を変えてもいい。休んでもいい。一旦休んでから、再開してもいい。刻々と変化する現状に合わせて、柔軟にキャリアの軌道修正をすればいい。

そう思って、何度でも挑戦できる社会が、デンマークにはある。


デンマーク最大の経営者団体ＤＡ（デンマーク経営者連盟）のデータによれば、デンマークの年間の離職率は約30％、就職・転職率はそれ以上である。[xxii] このデータからは、離職しても、雇用の受け皿があり、人びとが柔軟に転職・離職・再就職をしている様子がうかがえる。

オールボー大学で労働市場の研究をするヘニング・ヨーゲンセンによれば、デンマーク人の１人あたりの生涯の転職回数は２０１７年の時点で平均7回に上っていた。

さらに、近い将来には、1人あたりの生涯の転職回数は平均12回に上ると推測する。[xxiii]

デンマークでは、数年ごとの転職がスタンダードになる時代が、もうすぐそこに来ている。

あとがき

皆さま、本書を最後まで読んでいただき、本当にどうもありがとうございました!

本書を読んであなたはどう感じただろうか。

もし、本書が、あなたが独自の働き方やライフスタイルを考案するための、あるいは、組織改革に取り組むためのインスピレーションになれば幸いである。

ぜひ真面目に頑張りすぎず、遊び心を持って実験的に取り組んでみてほしい。

さて、本書の「まえがき」に書いた私の「ライフスタイル改革」の話を覚えているだろうか。

その後、私自身のライフスタイル改革はどうなったのか。

「まえがき」にも書いたように、本書の出版プロジェクトは、私自身の「人体実験」でもあった。

国際競争力も幸福度もトップクラスのデンマーク人にインタビュー取材をして、そこから得たヒントを本書にまとめながら、実際に、私自身も「ライフスタイル改革」に挑戦してみるという実験だ。

じつは、本書執筆に入る前に、「まえがき」を数バージョン作成して担当編集の大隅元《げん》編集長に見ていただいた。どのバージョンが良いかと相談したら、「人体実験バージョン」が面白いと言う。

という流れで、ちょっとしたノリで書いてみた「まえがき」から、私自身も本書執筆を通じてライフスタイル改革に乗り出すことになった。

本書の出版プロジェクトには、プレッシャーもあった。

なぜなら、このプロジェクトに取り組むことで家庭にヒビが入ってしまったら、プロジェクト自体が失敗に終わってしまうからだ。なにせワークライフバランスが本書を構成する主要なエッセンスなので、途中で家庭が壊れてしまったら本末転倒だし、読者への説得力もなくなってしまう。

正直なところ、家庭とともに本書の出版自体が共倒れになるかもしれない、という不安もなくはなかった。

だが、実際には、想定外の事態が起こった。

じつは、私が本書執筆に取りかかったことで、夫との関係が劇的に改善したのだ。

以前の私のライフスタイルは、色んな人とのメールやチャット、たわいのないおしゃべりや、友達付き合いでいっぱいだった。

それはそれで楽しかったのだが、そこに時間を費やしていると、それだけで時間とエネルギーを消耗してしまう。お酒に弱い私の場合、楽しく飲んだ翌日には、二日酔いもおまけで付いてくる。

さらに、色んなグループに属する人たちとSNS等で会話をしていたものだから、家族と過ごしている時間にもスマホを確認して、気持ちが別の場所に飛んでいた。そんな様子で、夫に応援されるはずもない。

だが、本書執筆にフォーカスしようと決めたとき、私は変わった。

そして、そんな私を見て、夫も変わった。

この本の執筆は、私にとって、どうしても手放すことのできない、人生の一大プロジェクトだった。本書の執筆には、どうしても、全力で取り組みたい。そのためには、今まで大切にしていた100のうち95くらい手放しても構わない（本当に大事なものは、それでも残るから大丈夫だ）。

その想いが、夫にも伝わったようだ。夫は、私がしたいことに、真剣に耳を傾けてくれた。そして、こう言ったのだ。「まえがき」にも書いたフレーズだ。

「君の出版プロジェクトは応援する。だけど、今までのようなライフスタイルは見直してほしい。ちゃんと睡眠をとって、休暇をとって、家族との時間も大切にしてほしい。効率良く取り組めば、短時間でも成果を出せるはずだ」

今考えると、とてもデンマーク人的な発言だ。そうだ。やはり彼は「デンマーク人」なのである。私はなんとしてでも、家族とのゆったりした時間を確保し、ワークライフバランスを考えながら、出版プロジェクトを進める必要があった。

では、どうやってライフスタイルを改革すればいいのか。

そのヒントを集めるのは、意外と簡単だった。

なぜなら、本書執筆のためのデンマーク人へのインタビュー取材には、ライフスタイル改革のヒントが散りばめられていたからだ。おかげで、私は全力で本書の執筆に取り組みながら、同時に、ライフスタイル改革もできてしまった。

じつは、執筆の途中で約6週間にわたる夏休みを取得した。夫も私も自営業なので、我が家はとてもフレキシブルなのだ。その間は、執筆作業は完全にストップだ（編集者も理解してくれた）。

さすがに6週間は長すぎるかなという気はしたが、サマーハウス生活・キャンプ生活・家族訪問・日本や海外からの訪問客とのおしゃべりなど、楽しい充実した日々だった。夕方に、家族で近所の湖に泳ぎに行く習慣ができ、それも楽しかった。太陽光が水面に反射し、きらきらと輝く風景は、美しい夏の思い出である。

今、夫婦関係はとても穏やかである。お互いがお互いの仕事を尊重しながら、家族とゆったり過ごす時間も持てている。ここまで来る過程には、紆余曲折《うよきょくせつ》、本当に色んなことがあったのだが、今、夫は私を理解し、応援してくれている。それが何よりも嬉しい。

本書は、午後3時には帰宅し、自宅で子どもを迎え、夕食をつくってくれる夫の存在なしには、書き上げることができなかった。この場を借りて、本当にありがとう。

針貝有佳

御礼

最後に、本書出版にあたり、以下の皆さまに心より感謝申し上げます。

海外在住である私に出版の機会を提供し、出版プロジェクトの全プロセスをサポートしてくださった長倉顕太さんと原田翔太さん。出版企画のプレゼンテーションの練習の場とフィードバックをくださった東京学芸大学教職大学院の渡辺貴裕准教授と、小田康介さんをはじめ、現職教員の派遣研修として東京学芸大学教職大学院で学ばれていた皆さま。出版企画のプレゼンテーションの方法についてアドバイスをくださった株式会社ｔｏ代表取締役社長の濱野和城さん。出版への挑戦にあたり、ご自身の作品制作や執筆のプロセスについてお話ししてくださった陶芸家のＳＨＯＷＫＯさん。日本社会の組織のあり方に対する問題意識や提言をお話しいただくとともに、執筆のアドバイスをくださった同志社大学の太田肇教授。企画書の制作から執筆まで、多岐にわたるアドバイスをくださった作家の有川真由美さん。デンマークと日本の合弁企業に携わった経験から発想のヒントをくださったMHIベスタスジャパン株式会社代表取締役社長の山田正人さん。複数の企画書を合わせて本書企画の名案を打ち出し、執筆の伴走をしてくださったPHP研究所ビジネス書編集長の大隅元さん。

皆さまのご協力なくして、本書がこのような形で出版されることはありませんでした。本当にどうもありがとうございました。

そして、取材にご協力いただき、本書に命を吹き込んでくださった皆さまに、心より感謝と拍手を送りたい。素晴らしいインタビューをどうもありがとうございました。

Tusind tak for jeres deltagelse i interviews.

取材協力（25名）
Ann-Britt Elvin Andersen, Birthe Askjær Drejer,
Carsten T. Sørensen, Dennis Morild, Emily Fromhage,
Erik Weber-Lauridsen, Hasse Jacobsen, Helene Nyborg,
Jakob Norman-Hansen, Jens Matthias Baecher,
Kaspar Astrup Schröder, Katrine Aadal Andersen,
Kenneth Sejlø Andersen, Lene Tanggaard,
Louise Askjær Drejer, Louise Welling, Masato Yamada,
Matthew Whitby, Mette Holm, Nicklas Brendborg,
Pernille Garde Abildgaard, Steen Pipper,
Søren Harder Nielsen, Narisara Ladawal Schröder (Em),
Vincentz Costas.

巻末付録 デンマーク人から学ぶ「働き方のコツ」

社員編

- □ 1 優先順位を明確にし、「どうしても大切にしたいもの」以外はバッサリ切る
- □ 2 退社時間を決める。プライベートライフを守る「覚悟」を
- □ 3 ムリしない、ムリさせない！　お互いの「タイパ」を意識
- □ 4 朝一番に大きなタスクに立ち向かう
- □ 5 楽しい仕事に取り組む時間をつくる、そばにいて楽しい人と一緒に過ごす
- □ 6 長期プランだけでなく1週間のプランを立てる
- □ 7 失敗前提でどんどん挑戦する
- □ 8 それはそれ、これはこれ。批判を個人的に受けとめない
- □ 9 こだわりは捨ててもいい
- □10 個別タスクに集中するよりも「自分の役割」を知る
- □11 会議参加やメールのccは必要最低限に
- □12 7時間以上の睡眠時間を確保する

マネージャー編〈部下への接し方〉

- □ 1 部下のプライベート充実を応援する
- □ 2 誰よりも率先して早く帰宅する。目標は午後4時退社！
- □ 3 会議の終了時刻は5分刻みに設定。延長しない！
- □ 4 イベントや会議への招集は「本当に呼ぶ必要があるか？」を考える
- □ 5 部下の仕事のダブルチェックはしない
- □ 6 部下にとってやりやすい方法を考える
- □ 7 失敗は当たり前。部下の失敗を責めない
- □ 8 部下のために、ときには上司にもNOと言う！
- □ 9 部下になんでも付き合わせない
- □10 問題行動はストレートに注意する
- □11 ドアや仕切りは開けておく
- □12 部下の意見は誰よりも優先して聞く

マネージャー編〈労働環境づくり〉

- □ 1 ワークスペースはカジュアルに、開放的に！
- □ 2 服装・形式・手続き・ルールにこだわりすぎない
- □ 3 昇降式デスクを取り入れる
- □ 4 希望者にはフレックスタイム制を許可
- □ 5 フレキシブルに在宅ワークOK
- □ 6 余分に仕事をしたら、余分に休むカルチャー
- □ 7 「長期休暇取得」を義務化する
- □ 8 勤務時間中にもウォーキング奨励！
- □ 9 週に1日、社員に「やりたいこと」をさせてみる！
- □10 社員の関心・意欲に合わせた「適材適所」
- □11 失敗したら一緒に解決する
- □12 役職・ジェンダー関係なくみんなの意見を平等に聞く

IMD World Competitiveness Center: "IMD World Competitiveness Ranking Criteria used in 2023"

x DI Business: "IMD Danmark ligger i top på global konkurrenceevne", 06.14. 2022.

xi Yale Center for Environmental Law & Policy and The Center for International Earth Science Information Network Earth Institute, Columbia University: "Environmental Performance Index" 2020 & 2022.

xii Sustainable Development Solutions Network: "Sustainable Development Report" 2016 - 2023

xiii UN: "E-Government Survey" 2018, 2020 & 2022

xiv City of Copenhagen: "The Bicycle Account 2022 COPENHAGEN CITY OF CYCLISTS"

xv UN: "E-Government Survey" 2018, 2020 & 2022
IMD World Competitiveness Center: "IMD World Digital Competitiveness Ranking 2022"

xvi MobilePay: "The Story of MobilePay" 2023

xvii Borger.dk: "Kørekort-app""Sundhedskort-app"

xviii Regeringen.dk: "Alle restriktioner udløber den 31. januar", 01.26. 2022.

xix Forbes Advisor: "Worldwide Work-Life Balance Index 2023", 03.02. 2023.

xx Blox.dk: "About BLOX"

xxi European Data Journalism Network: "The job satisfaction map: these are the countries where workers live best"12.12. 2022.
Małgorzata Szczepaniak & Agnieszka Szulc-Obłoza: European Research Studies Journal Volume XXIV, Issue 1, 2021, "Associations Between Job Satisfaction and Employment Protection in Selected European Union Countries", 2021.

xxii Beskæftigelsesministeriet: "Kvinder og mænd på arbejdsmarkedet 2023"

xxiii TV2: "Danskerne er europæiske mestre i at skifte job-og det kan godt betale sig" 02.25. 2017.

脚注

i IMD World Competitiveness Center: "IMD World Competitiveness Ranking" 2022 & 2023.

ii IMD World Competitiveness Center: "IMD World Digital Competitiveness Ranking 2022"
UN: "E-Government Survey 2022"
Yale Center for Environmental Law & Policy and The Center for International Earth Science Information Network Earth Institute, Columbia University: "Environmental Performance Index 2022"
Sustainable Development Solutions Network: "Sustainable Development Report 2023"

iii Statistics Denmark: "Population", 2023
住民基本台帳に基づく人口、人口動態及び世帯数(令和5年1月1日現在)(総務省、2023)
Statistics Denmark: "Area", 2023
Sustainable Development Solutions Network: "The World Happiness Report 2023"
OECD: "Poverty rate", 2023
OECD: "Income Inequality", 2023
Transparency International: "Corruption Perceptions Index 2022"
IMD World Competitiveness Center: "IMD World Digital Competitiveness Ranking 2022"
IMD World Competitiveness Center: "IMD World Competitiveness Ranking 2023"

iv IMD World Competitiveness Center: "IMD World Competitiveness Ranking" 2022 & 2023.

v IMD World Competitiveness Center: "IMD World Digital Competitiveness Ranking 2022"

vi The Economist Intelligence Unit Limited: "Assessing the best countries for doing business", 2023

vii IMD World Competitiveness Center: "IMD World Competitiveness Ranking" 2022 & 2023.

viii IMD World Competitiveness Center: "IMD World Competitiveness Ranking 2023"

ix IMD「世界競争力年鑑 2022」からみる日本の競争力(三菱総合研究所、2022)
IMD World Competitiveness Center: "IMD World Competitiveness Ranking 2023"

デンマークのライフスタイルや価値観のお届け、
著者へのご相談・コンタクトはこちらから

www.yukaharikai.com

PHP
Business Shinsho

針貝有佳（はりかい・ゆか）
デンマーク文化研究家
デンマーク在住。1982年生まれ。早稲田大学大学院社会科学研究科にてデンマークの労働市場政策「フレキシキュリティ・モデル」を研究して修士号取得。2009年末にデンマーク移住後、13年以上にわたってテレビ・ラジオ・新聞・雑誌・ウェブ等からデンマークの現地情報を発信。社会学的アプローチで社会を観察し、デンマーク語で現地の第一次情報にアクセスし、情報・世論・市民の声を届ける。執筆記事400以上、企業向けのレポート制作300以上。『北欧のあたたかな暮らし　小さな愉しみ』（共著、学研）、『アフターコロナのニュービジネス大全』（ディスカヴァー・トゥエンティワン）等、書籍協力多数。『サタデーステーション』『ビートたけしのTVタックル』『ミヤネ屋』等に取材協力・出演。サントリーやパナソニックなどの企業向け講演のほか、時代に新風を吹き込むクリエイターのコンテンツ制作・PRサポートも手がける。

PHPビジネス新書 465

デンマーク人はなぜ4時に帰っても
成果を出せるのか

2023年11月29日　第1版第1刷発行
2024年10月29日　第1版第12刷発行

著　者　針貝有佳
発行者　永田貴之
発行所　株式会社PHP研究所
東京本部　〒135-8137　江東区豊洲5-6-52
ビジネス・教養出版部　☎03-3520-9619（編集）
普及部　☎03-3520-9630（販売）
京都本部　〒601-8411　京都市南区西九条北ノ内町11
PHP INTERFACE　https://www.php.co.jp/
装　幀　齋藤 稔（株式会社ジーラム）
石澤義裕
印刷所　株式会社光邦
製本所　東京美術紙工協業組合

ISBN978-4-569-85597-4

「ＰＨＰビジネス新書」発刊にあたって

わからないことがあったら「インターネット」で何でも一発で調べられる時代。本という形でビジネスの知識を提供することに何の意味があるのか……その一つの答えとして「**血の通った実務書**」というコンセプトを提案させていただくのが本シリーズです。

経営知識やスキルといった、誰が語っても同じに思えるものでも、ビジネス界の第一線で活躍する人の語る言葉には、独特の迫力があります。そんな、「**現場を知る人が本音で語る**」知識を、ビジネスのあらゆる分野においてご提供していきたいと思っております。

本シリーズのシンボルマークは、理屈よりも実用性を重んじた古代ローマ人のイメージです。彼らが残した知識のように、本書の内容が永きにわたって皆様のビジネスのお役に立ち続けることを願っております。

二〇〇六年四月

ＰＨＰ研究所